RECEITAS FÁCEIS

Livros do autor publicados pela **L&PM** EDITORES

Coleção **L&PM** POCKET:

100 receitas com lata
100 receitas de aves e ovos
200 receitas inéditas
Anonymus Gourmet em Histórias de cama & mesa
Cardápios do Anonymus Gourmet
Comer bem, sem culpa (c/ Fernando Lucchese e Iotti)
Cozinha sem segredos
Dieta mediterrânea (c/ Fernando Lucchese)
Mais receitas do Anonymus Gourmet
Na mesa ninguém envelhece
Novas receitas do Anonymus Gourmet
Receitas fáceis
Receitas da família
Voltaremos!

Livros convencionais:

233 receitas do Anonymus Gourmet
A boa mesa com sotaque italiano (com Iotti)
O brasileiro que ganhou o prêmio Nobel
Copos de cristal
Enciclopédia das mulheres
Meio século de Correio do Povo
Opinião x censura
Recuerdos do futuro

J. A. PINHEIRO MACHADO

Anonymus Gourmet

RECEITAS FÁCEIS

www.lpm.com.br

L&PM POCKET

Coleção **L&PM** POCKET, vol. 834

Texto de acordo com a nova ortografia.

Primeira edição na Coleção **L&PM** POCKET: outubro de 2009
Esta reimpressão: junho de 2010

Capa: Ivan Pinheiro Machado. *Fotos*: Ivan Pinheiro Machado
Preparação: Patrícia Yurgel
Revisão: Lia Cremonese

CIP-Brasil. Catalogação-na-Fonte
Sindicato Nacional dos Editores de Livros, RJ

M131r

Machado, José Antonio Pinheiro, 1949-
   Receitas fáceis / Anonymus Gourmet. – Porto Alegre, RS: L&PM, 2010.
   160p. – (Coleção L&PM POCKET; v. 834)

ISBN 978-85-254-1973-6

1. Culinária. I. Título. II. Série.

09-4751.	CDD: 641.5
	CDU: 641.5

© José Antonio Pinheiro Machado, 2009

Todos os direitos desta edição reservados a L&PM Editores
Rua Comendador Coruja, 314, loja 9 – Floresta – 90220-180
Porto Alegre – RS – Brasil / Fone: 51.3225.5777 – Fax: 51.3221-5380

Pedidos & Depto. comercial: vendas@lpm.com.br
Fale conosco: info@lpm.com.br
www.lpm.com.br

Este livro foi impresso na Gráfica Editora Pallotti, em Santa Maria, RS.

Impresso no Brasil
Outono de 2010

Sumário

Velhas novidades – *José Antonio Pinheiro Machado* 11

Pratos principais e acompanhamentos 13
    Costelada 15
    Picadinho Maria Luiza 16
    Almôndega gigante 17
    Frigideira mediterrânea 18
    Escalopes com molho gorgonzola 19
    Vaca escabelada 19
    Bife alemão 20
    Carne de panela pingada 21
    Torta de carne 22
    Empadão de churrasco 23
    Angu do Anonymus 24
    Entrevero 26
    Espinhaço no disco (para 30 pessoas) 27
    Espinhaço à fronteira 28
    Carreteiro de charque com batata-doce 28
    Carreteiro de pinhão 29
    Farofa de pinhão 30
    Vazio recheado com molho madeira 31
    Maminha na cerveja 32
    Costelão meia hora com polenta na pedra 33
    Costela negra 34
    Costelão banquete 35
    Mandioca de luxo 36
    Cozido do Anonymus 37
    Feijão da Linda 38
    Feijoada vermelha 39
    Lombo com molho de ameixas 41

Galeto da Catarina 42
Mocotó de frango... 43
Fricassê de forno 44
Torta de frango... 45
Suflê fácil de frango... 46
Risoto de cogumelos 47
Galinhada do Anonymus... 48
Moranga caramelada 49
Galinha gaúcha 50
Frango quatro queijos.. 51
Frango afogado.. 52
Frango do bafômetro 52
Galinha de festa 53
Peru aberto 54
Ave recheada com calabresa 54
Peru embriagado 55
Farofa de miúdos 56
Farofa brasileira,,56
Estrogonofe de peixe.. 57
Lasanha de peixe na pimenta 58
Peixe no forno com creme de atum 59
Peixe acebolado 60
Torta rápida de sardinha 60
Falsa polenta de sardinha 61
Risoto de salmão 62
Salmão multiplicado 63
Salmão ao molho de uvas 63
Salmão gratinado 64
Camarão à Cecília 65
Frigideira de camarões... 66
Camarão à parmegiana.. 66
Gratinado de camarão 67
Salada ao molho vinagrete.. 69
Sopa do chefe 69
Estrogonofe de vegetais... 70
Abobrinhas recheadas.. 71
Tortinhas coloridas...72

Batatas assadas com tomates 73
Batatas crocantes 73
Batatas Elda 74
Batatas gratinadas 75
Maionese assada 75
Salpicão de presunto 76
Fritada fina 77
Omelete de forno 78
Milagre de forno 79
Supernhoque 80
Canelone invertido 81
Ravióli com tomates frescos 82
Lasanha à bolonhesa 83
Lasanha de pão árabe 84
Fettuccine Alfredo 85
Espaguete ao pesto 86
Macarronada florida 87
Macarronada de verão 88
Lasanha enrolada 89
Ravióli escondido 90
Macarrão picante 91
Macarrão de china pobre 92
Arroz quatro latas 93
Arroz de festa 93
Arroz cremoso de forno 94
Arroz verde reforçado 95
Arroz verde 96
Arroz piemontês 97
Risoto de uva 97
Requeijão cremoso 98

SOBREMESAS, PÃES E BOLOS E OUTRAS DELÍCIAS 99
Chico Balançado (ou Chico Balanceado) 101
Docinho de festa 102
Ameixas nevadas 103
Bananada *au chocolat* 104
Torta de ricota com passas 105

Torta Romeu e Julieta	106
Torta de maçã invertida	107
Tortinha rápida de maçã	108
Doce Xinxo	109
Doce de goiabada	110
Palitos de chocolate	110
Surpresa de queijo	111
Bombom gigante de morango	112
Merengada de morangos	113
Compota diet de frutas	113
Ambrosia de forno	114
Manjar amarelo	115
Compota de pêssegos	116
Cassata de abacaxi	117
Sorvete de morango com calda de morango	118
Merengada de chocolate	119
Musse a jato de goiabada	120
Doce de leite	120
Gatinha sirigaita	121
Falso chocolate de Páscoa	122
Musse de banana	123
Pão de ló embriagado	123
Quadrados de laranja	125
Enroladinhos de canela	126
Sorvete de queijo com calda quente de goiabada	127
Leite-creme	128
Panquecas doces	129
Revirado de maçã	130
Flan do Anonymus	131
Rocambole de nozes	131
Rabanadas assadas	133
Bolo de ameixa	133
Bolo de fubá	134
Bolo de maracujá	135
Bolinho de laranja	136
Bolo quente de frutas	137
Bolo natalino	139

Bolo-cuca 140
Bolo mágico de chocolate 141
Bolinhos de chuva 142
Pão rápido de ameixa 143
Pãezinhos de maisena 144
Pão rápido de banana 145
Cookies 146
Broa de leite condensado 147
Biscoitos de Natal 148
Biscoitos de café 149

Índice de receitas em ordem alfabética 151

Sobre o autor 156

Velhas novidades

Anonymus Gourmet
(J. A. Pinheiro Machado)

Dez anos atrás, quando assumiu a direção do nosso programa, na RBS TV e TVCom, a jornalista Ciça Kramer não sabia fritar um ovo e ignorava o que seria um "banho-maria". Hoje ela tem um currículo respeitável de mais de mil programas de culinária na TV, e é conhecida como a Ciça do Reloginho. E o que ela sabe de cozinha são exatamente receitas fáceis, acessíveis, surpreendentes, deliciosas, saborosas, versáteis, práticas – as receitas que este livro celebra.

Não sou, nunca fui e nunca serei um desses ilustres e míticos *chefs de cuisine*, que brilham com verdadeiras obras de engenharia culinária, combinando sabores insólitos para criar novidades insuspeitadas. Meu irmão Ivan, editor da L&PM, gostava de ironizar certas complicações culinárias, imaginando um prato refinado que combinaria bagre com bergamota.

Tenho o maior respeito pelo trabalho dos grandes chefs – muitos deles, meus queridos amigos – que, tantas vezes, me deliciam com suas elegantes elaborações.

Mas, me falta o engenho, a destreza e a ambição para ser um deles. Como digo sempre, trabalho no ramo da simplificação. A velha e boa cozinha doméstica, do dia a dia – a cozinha cotidiana dos brasileiros –, é o nosso tema. Lidamos com receitas antigas, quase sempre revisitadas, repaginadas e muitas vezes com toques inesperados: isto é, velhas novidades. Esse é o meu território. Gosto de cozinhar as receitas da memória, transformando-as em preparações simples e fáceis de executar, com ingredientes comuns e baratos, feitas com um toque de novidade, na busca por resultados surpreendentes.

Este livro é a reunião dessas experimentações, que contaram com a ajuda decisiva de Márcia Lutz e Linda Lutz, responsáveis pela maior parte dos pães, bolos e doces. Tudo sob o comando da Ciça. Aquela jornalista que descobriu o banho-maria e uma infinidade de outros detalhes da cozinha e da boa mesa hoje é uma experimentada cozinheira. Com muito talento, ela se encarregou da seleção e da edição das receitas deste livro.

Por fim, uma palavra sobre o pequeno Alarico, jovem cozinheiro de seis anos de idade que seguidamente apresenta o programa da TV comigo. Quase todos os dias o Alarico me faz lembrar de um parágrafo do arquiteto Le Corbusier, que nos estimula a ficar atentos ao novo: *"Nossas catedrais, para nós, não estão ainda erigidas. As catedrais são as dos outros, as dos mortos – elas são pretas de fuligem, gastas pelos séculos. Tudo está negro e gasto pelo uso: as instituições, as cidades, as fazendas, nossas vidas, nossos corações, nossos pensamentos. Tudo entretanto é novo na contingência, fresca, em origem no mundo. Olhos já desviados das coisas mortas, olham em frente... Esses olhos que veem, essas pessoas que sabem, é preciso deixar que elas construam o mundo novo"*.

O Alarico é um símbolo do nosso esforço em busca de novos olhares, novas ideias, novos sabores...

Pratos principais e acompanhamentos

Costelada

2 kg de costela bovina, 1 kg de linguiça calabresa, 1 cebola, 2 tomates, 1 copo de café preto passado sem açúcar, ½ copo de molho de soja, 3 colheres (sopa) de massa de tomate, 2 colheres (sopa) de farinha de trigo, 3 colheres de óleo

1 – Comece esquentando a panela onde vai ser preparada a costelada. Quando estiver bem quente, coloque as colheres de óleo e a costela cortada em módulos entre os ossos. Deixe fritar bem, dos dois lados.

2 – Junte a linguiça, que deve estar desmanchada. Para desmanchar a linguiça abra a camada que a envolve e retire toda a carne.

3 – Misture a costela com a linguiça e deixe fritar. Espere alguns minutos até ficarem douradas e sequinhas.

4 – Bata no liquidificador a cebola e os tomates cortados em pedaços junto com o café passado, o molho de soja, a massa de tomate e a farinha de trigo. Complete com água o suficiente para girar o liquidificador. Se preferir, coloque um toque de pimenta. Mas não precisa de sal, pois o molho de soja é bem salgado.

5 – Coloque o molho na panela junto com a costela e a linguiça. Misture e deixe cozinhar por, em média, 1 hora. Durante o cozimento, complete com água quente para não deixar o molho secar. A carne deve ficar macia, e o molho bem consistente. Sirva a costelada acompanhada de arroz branco.

Picadinho Maria Luiza

200g de bacon, 500g de carne bovina (patinho, por exemplo), 1 lata de ervilhas em conserva ou 300g de ervilhas congeladas, 2 ovos, 1 cebola, 1 dente de alho, 1 tomate, 3 colheres (sopa) de massa de tomate, 2 xícaras de farinha de mandioca, 2 xícaras de arroz, 150g de batata palha, azeite, pimenta-do-reino, sal, 4 xícaras de água

1 – Numa frigideira ou panela bem quente, coloque uma colher de azeite. Dê uma boa refogada em metade do bacon bem picado. Quando estiver crocante, adicione a carne cortada em pedaços não muito pequenos, mexendo bastante até corar.

2 – Acrescente a cebola picada e espere ela amolecer um pouco. A seguir, o tomate picado e a massa de tomate. Misture para deixar o refogado bem homogêneo.

3 – Acrescente as ervilhas. Por fim, junte um dos ovos, misturando tudo. Espere cozinhar por alguns minutinhos e está pronto. Um pouco de pimenta-do-reino moída na hora, e muito cuidado com o sal porque o bacon já é bem salgado.

4 – Para fazer a farofa, refogue numa frigideira quente com um pouco de azeite o restante do bacon picado até ele soltar um pouco de gordura e ficar crocante. Acrescente o alho picadinho. Uma leve fritada no alho e entra a farinha de mandioca. Mexa bem com uma colher de pau. Deixe em fogo médio e acrescente o outro ovo, mexendo bastante para misturar com a farinha. Cozinhe um pouco, mexendo sempre, até que a farofa fique tostadinha.

5 – Prepare o arroz numa panela fritando antes o arroz com um pouco de azeite. Acrescente as 4 xícaras de água e misture. Um toque de sal. Quando abrir fervura, baixe o fogo e cozinhe em média por 15 minutos. Sirva os pratos combinando o picadinho de carne, a farofa, o arroz branco e a batata palha.

Almôndega gigante

1 kg de carne moída, ½ kg de linguiça, 1 pacote de sopa tipo creme de cebola, 2 ovos, 300g de molho de tomate, 300g de queijo ralado grosso

1 – Comece refogando a linguiça, que deve estar bem picada. Deixe dourar levemente.

2 – Agora misture a carne moída com o creme de cebola e os ovos. Deixe a massa bem homogênea. Divida em duas partes.

3 – Com uma das partes, forre o fundo de um refratário ou forma redonda. Por cima, espalhe o refogado de linguiça. Cubra com o restante da massa de carne e feche bem as laterais. Leve ao forno preaquecido a 180ºC, por 50 minutos ou até cozinhar a carne.

4 – Retire do forno. Cubra com o molho de tomate e com o queijo ralado grosso. Retorne ao forno até derreter o queijo. A combinação da almôndega com arroz fica uma delícia!

Frigideira mediterrânea

700g de carne bovina, 5 batatas, 5 cenouras, 1 xícara (cafezinho) de molho de soja, 200g de vagem, 200g de ervilha-torta, 1 chuchu, 200g de brócolis, 1 cebola, 1 pimentão, sal

1 – Comece cozinhando as batatas com casca, as cenouras limpas, a ervilha-torta, a vagem e o chuchu descascado. Tudo precisa ficar macio, mas cuide para não cozinhar demais. A ideia é usar tudo o que tenha na geladeira. Sobras nobres podem substituir alguns ingredientes.

2 – Corte a carne em iscas, pedaços médios ou até tiras. A carne pode ser a da sua preferência. Um pedaço de vazio que sobrou do churrasco, por exemplo.

3 – Esquente bem uma frigideira ampla e refogue a carne. Adicione o molho de soja e deixe fritar bem.

4 – Passe os brócolis por uma água bem quente e escorra-os.

5 – Agora é hora de entrarem na panela a cebola e o pimentão cortados em rodelas. Deixe refogando até ficarem macios.

6 – Entre com as batatas e as cenouras cortadas em tiras, a vagem cortada em pedaços, a ervilha-torta, o chuchu em pedaços e os brócolis. Tempere com sal e misture tudo. Sirva em seguida com arroz e aipim cozido.

Escalopes com molho gorgonzola

700g de carne bovina, 3 colheres (sopa) de molho de soja, ½ l de leite, 1 colher (sopa) de farinha de trigo, 50g de manteiga, 150g de queijo gorgonzola, 3 colheres (sopa) de óleo

1 – Comece pelo molho. Bata no liquidificador o leite, a farinha, a manteiga e o queijo e leve a mistura ao fogo. Mexendo sempre, deixe o molho engrossar. Reserve.

2 – Para fazer os escalopes, a carne pode ser cortada como bifes e, depois, os bifes podem ser cortados em 4 pedaços menores. Frite a carne em uma frigideira bem quente. Quando começar a dourar, acrescente o molho de soja. Vire e doure os dois lados. Quando a carne estiver no ponto desejado, adicione o molho gorgonzola quente por cima de tudo.

Vaca escabelada

1 kg de carne bovina, 2 cebolas, 1 colher (sopa) de farinha de trigo, 2 tomates, 3 colheres (sopa) de massa de tomate, 2 copos de requeijão, 300g de batata palha, 300g de queijo

1 – Faça um refogado com a carne bovina bem picada. Deixe dourar a carne e adicione as cebolas picadinhas. Misture. Cubra tudo com a farinha de trigo e faça a farinha desaparecer mexendo bem. A cebola começa a amolecer, e entram

os tomates também picados e a massa de tomate. Agora é mexer tudo e esperar o molho se criar na panela.

2 – Com o refogado pronto, desligue o fogo e adicione o requeijão. Misture.

3 – Agora é hora de escabelar a vaca. Em uma forma ou refratário, faça uma camada com o refogado de carne. Por cima entra o queijo, picado ou fatiado. Para finalizar, a batata palha para cobrir tudo.

4 – Leve ao forno preaquecido até dourar a batata. São 30 minutos, em média. Sirva em seguida.

BIFE ALEMÃO

Para os bifes à milanesa: *bifes de carne bovina (pode ser de patinho, alcatra, agulha...), farinha de trigo, ovos, farinha de rosca, fatias de presunto, sal*

Para o molho de nata: *½ l de leite, 1 colher (sopa) de farinha de trigo, 350g de creme de leite fresco (nata), sal, óleo*

1 – Comece pelos bifes. Eles devem ser bem finos. Se precisar, bata-os. Tempere-os com sal. Coloque uma fatia de presunto em cima de cada bife e feche-o, como um sanduíche. Passe os bifes na farinha de trigo, nos ovos batidos e na farinha de rosca. Leve-os para a geladeira.

2 – Agora, adiante o molho. No liquidificador, bata o leite e a farinha com uma pitada de sal. Leve tudo para

uma panela e, mexendo sempre, deixe o molho engrossar. Reserve.

3 – Frite os bifes em óleo quente. Em média, 4 minutos de cada lado. Cuide para não queimar a parte de fora e deixar a carne crua por dentro. É preciso fogo baixo.

4 – Arrume os bifes em um prato com papel absorvente. Depois, transfira-os para uma travessa.

5 – Misture o creme de leite fresco (nata) ao molho que engrossou na panela, que deve estar bem quente. Cubra os bifes com esse molho de nata. Sirva-os com batatas cozidas. É uma delícia!

Carne de panela pingada

1 ½ kg de carne bovina (agulha, paleta, peito...), 1 cebola grande, 1 tomate grande, 1 copo de vinho tinto, ½ copo de molho de soja, 1 colher (sopa) de manteiga, óleo

1 – Comece pelo molho que vai pingar a carne. Bata no liquidificador a cebola, o tomate, o vinho e o molho de soja. Leve a mistura para uma panela e deixe ferver até reduzir um pouco o molho, mas não muito. Cerca de 15 minutos.

2 – Corte a carne em pedaços grandes. Esquente uma frigideira e acrescente uma colher de manteiga e um pouco de óleo. Frite os pedaços de carne dos dois lados. Deixe-os bem dourados.

3 – Vá acrescentando o molho um pouco de cada vez. Coloque um pouco de molho, espere ser absorvido pela carne e ponha mais um pouco. O processo de cozimento é lento, deve amaciar a carne aos poucos. Quando acabar o molho, adicione água quente. A carne estará pronta quando ficar macia.

Torta de carne

250g de carne moída, 1 cebola, 1 lata de seleta de legumes, 4 tomates, ¼ de xícara de azeitonas, 1 ovo cozido, 1 colher (sopa) de fermento químico, 1 xícara de leite, 3 ovos, 1 xícara de óleo, 1 ½ xícara de farinha de trigo, ½ xícara de queijo ralado, 1 colher (chá) de sal, pimenta e sal para temperar

1 – Comece refogando a carne moída com a cebola bem picada. Quando a carne dourar, acrescente a seleta de legumes, os tomates picados e as azeitonas, também picadinhas. Misture e deixe cozinhar até o refogado ficar bem consistente e saboroso. Tempere com sal e pimenta. Desligue o fogo e junte o ovo cozido e picado. Misture.

2 – Agora prepare a massa, no liquidificador. Bata o leite, os ovos, o óleo, a farinha de trigo, o queijo e o sal. Depois de bem batido, arrume tudo em um recipiente. Misture o fermento e mexa bem. A massa vai ficar bem lisa.

3 – Para montar a torta de carne, arrume metade da massa no fundo de uma forma. Cubra com o recheio e complete

com o restante da massa. Leve ao forno preaquecido por cerca de 40 minutos.

4 – Espere amornar, desenforme e sirva quente ou fria. Uma delícia!

Empadão de churrasco

Para o recheio: *carnes variadas já assadas, sobras do churrasco (carne bovina, suína, de galinha, linguiça, coração...), 1 cebola, 1 tomate, 3 colheres (sopa) de massa de tomate, 2 colheres (sopa) de farinha de trigo, azeite*

Para a massa: *4 xícaras de farinha de trigo, 1 colher (sopa) de fermento químico, 1 colher (chá) de sal, 1 xícara de água gelada, 150g de margarina, 1 gema*

1 – Comece pelo recheio. Pique bem todas as carnes que sobraram do churrasco. Esquente uma panela e refogue-as com um pouco de azeite e a cebola picada. Deixe por uns minutos e entre com o tomate picado e a massa de tomate. Mais alguns minutos e acrescente a farinha de trigo, misturando rapidamente. Deixe cozinhar com a panela tampada por cerca de 20 minutos ou o tempo suficiente para formar um molho de carnes consistente.

2 – Agora a massa. Misture todos os ingredientes até obter uma massa homogênea. Use a margarina em temperatura ambiente para facilitar na hora de misturar. A massa precisa

desgrudar das mãos. Forme uma bola, jogue um pouco de farinha de trigo em cima da mesa e abra a massa com a ajuda de um rolo.

3 – Forre o fundo e as laterais de um refratário, previamente untado e enfarinhado, com uma parte da massa. Dentro, arrume o recheio.

4 – Junte o que sobrou de massa e abra novamente para fazer a tampa do empadão. Cubra e junte bem as laterais de massa. Se sobrar um pouco, faça um enfeite para deixar o empadão mais bonito.

5 – Pincele uma gema na superfície do empadão. Leve ao forno preaquecido por 1 hora ou até que a massa fique assada. Sirva em seguida com salada variada.

Angu do Anonymus

200g de linguiça, 200g de coração de galinha, 200g de carne suína, 200g de carne bovina, 200g de carne de galinha, 3 colheres de massa de tomate, 2 cebolas, 2 tomates, 1 copo de vinho tinto, 1 copo de caldo de carne, 4 xícaras de polenta instantânea, 12 xícaras de água, sal, queijo ralado

1 – Comece pelo refogado. Pique bem todas as carnes. Leve à panela, em primeiro lugar, a linguiça, que pode estar até desmanchada. Deixe dourar.

2 – Acrescente os corações de galinha picados e misture bem até dourá-los.

3 – Chega a vez da carne suína cortada em pedaços. Deixe mais alguns minutos.

4 – Agora, a carne bovina e o frango picados. Mexa e deixe dourar essas últimas carnes.

5 – Entre com as cebolas picadas. Mais alguns minutos e acrescente a massa de tomate. Mexa tudo.

6 – Adicione também os tomates, o vinho e o caldo de carne. Tempere com sal e mexa tudo. Deixe cozinhar por cerca de 20 minutos, o tempo suficiente para deixar o molho escuro. Cuidado para não secar. É preciso um molho mais líquido.

7 – Em outra panela, dissolva a polenta instantânea em 12 xícaras de água. Misture.

8 – Leve ao fogo mexendo sempre até engrossar, por 15 minutos, em média. Quando engrossar, mexa por mais 5 minutos em fogo baixo. Está pronta a polenta mole. Se você usar uma polenta instantânea com sal, não será preciso salgar.

9 – Para servir o angu do Anonymus, pegue um prato fundo – o chamado prato de sopa. Faça uma camada de polenta mole. Por cima, ponha o molho de carne bem quente. Sirva em seguida com um pouco de queijo ralado.

Entrevero

200g de bacon picado, 200g de coração de galinha, 1 cebola, 1 pimentão, 200g de linguiça, 200g de carne suína, 200g de carne bovina, 200g de carne de galinha, 2 tomates, molho de soja, pães, maionese, folhas de alface, fatias de queijo

1 – Comece refogando, em uma frigideira, 200g de bacon e o coração de galinha. Deixe dourar bem. Enquanto isso, em outra panela, refogue a cebola e o pimentão picados.

2 – Junte o coração e o bacon na panela da cebola com pimentão. Na mesma frigideira, refogue a linguiça em rodelas e a carne suína em pedaços. Quando estiverem douradas, arrume na panela com os outros ingredientes. Misture bem. Mantenha a panela sempre em fogo baixo.

3 – Volte para a frigideira. Agora entram a carne bovina e o frango em pedaços. Quando cozinharem, vão para a panela também.

4 – É hora de misturar tudo e aumentar o fogo. Entre com os tomates picados e o molho de soja, menos de ½ copo. Misture.

5 – Abra os pães (pode ser cervejinha, pão francês, baguete...), espalhe maionese, arrume uma fatia de queijo e, por cima de tudo, o entrevero de carnes. Para finalizar, uma folha de alface. Sirva em seguida. Pode ser um belo lanche ou uma refeição completa!

Espinhaço no disco (para 30 pessoas)

300g de bacon, 10 kg de espinhaço de ovelha, 1 ½ kg de cebola, 1 pimentão amarelo, 1 pimentão vermelho, 1 kg de tomate, 50g de massa de tomate, 2 kg de batata-doce, sal, pimenta moída, vinagre

1 – Tempere os pedaços de espinhaço de ovelha com sal, pimenta, vinagre e os temperos de sua preferência. Deixe descansando no tempero por algum tempo.

2 – Esquente bem um disco de arado e nele refogue o bacon picado. Também pode ser usada uma panela ampla.

3 – Leve os pedaços de espinhaço para o disco e frite-os bem, por todos os lados.

4 – Acrescente as cebolas em rodelas e os pimentões picados. Misture.

5 – Quando a cebola estiver macia, acrescente os tomates picados e a massa de tomate. Mexa bem para a carne pegar o molho. Agora é preciso cozinhar até deixar a carne macia. Se for preciso, acrescente um pouco de água para não secar o molho. Acerte o sal.

6 – Finalize com a batata-doce previamente cozida em água e cortada em pedaços. Misture. Sirva o espinhaço com arroz e salada.

Espinhaço à fronteira

2 kg de espinhaço de ovelha, 3 tomates, 3 cebolas, 1 pimentão, ½ kg de farinha de mandioca, 3 dentes de alho, salsa picada, água quente, óleo

1 – Esquente uma panela e coloque um pouco de óleo. Frite a cebola, o alho, o tomate e o pimentão picados até ficarem macios.

2 – Acrescente os pedaços de espinhaço e frite-os rapidamente.

3 – Adicione água quente até cobrir tudo e deixe cozinhar tempo suficiente para a carne começar a desgrudar do osso.

4 – Adicione a farinha de mandioca, aos poucos, mexendo até formar um pirão.

5 – Sirva quente com salsa picada por cima e acompanhado de arroz branco.

Carreteiro de charque com batata-doce

2 kg de charque, 1 kg de arroz, ½ kg de batata-doce, 1 cebola, 3 dentes de alho, azeite, água quente

1 – Comece retirando o sal do charque. Coloque a carne, já cortada em pedaços, em uma panela e cubra com água.

Leve ao fogo. Quando abrir fervura, troque a água. Leve a panela para o fogo. Antes de abrir fervura, troque a água novamente. Experimente a carne. Se precisar, troque mais uma vez a água. Está pronto.

2 – Esquente bem uma panela ampla e coloque um pouco de azeite. Frite bem os pedaços de charque. Acrescente a cebola e os dentes de alho picados. Misture. Adicione um pouco de água quente. Deixe cozinhando para que a água ajude a amolecer a carne e a cebola.

3 – Quando secar a água, é hora de entrar com o arroz. Frite por uns minutos. Acrescente também a batata-doce cortada em pedaços (pode ser com a casca). Misture. Agora é só cobrir tudo com água quente (2 litros, mais ou menos) e tampar a panela. São 30 minutos, em média. O tempo suficiente para cozinhar o arroz e secar a água. Sirva em seguida.

CARRETEIRO DE PINHÃO

½ kg de pinhão, ½ kg de carne bovina, 1 cebola, 3 colheres (sopa) de massa de tomate, 1 tomate, 2 xícaras de arroz, 4 xícaras de caldo de carne, ½ xícara de salsinha verde, óleo, sal

1 – Cozinhe os pinhões em uma panela com água e um pouco de sal. Quando estiverem macios, espere esfriar um pouco, retire a água e descasque-os. Corte cada pinhão em 3 pedaços.

2 – Em uma panela quente com um pouco de óleo, refogue a carne cortada em pedaços pequenos. Quando a carne estiver dourada, junte a cebola picada. Misture.

3 – Entram na panela a massa de tomate e o tomate picado. Mexa tudo e deixe refogar por 5 minutos.

4 – É a vez do arroz. Misture bem e espere o arroz absorver os sabores do refogado, uns minutinhos, e entre com o caldo de carne. Misture. Junte o pinhão em pedaços. Tampe a panela, espere abrir a fervura e baixe o fogo. Deixe cozinhar por 15 minutos ou até o arroz ficar macio.

5 – Depois de pronto, misture tudo com cuidado, acrescente a salsinha picada e deixe a panela fechada por mais 5 minutos antes de servir. Pode acompanhar uma saladinha verde.

Farofa de pinhão

½ kg de linguiça, 1 ½ kg de pinhão, 1 cebola, sal

1 – Comece cozinhando o pinhão em uma panela com água e um toque de sal. Na panela de pressão é melhor, porque o tempo de cozimento diminui muito. Quando ele estiver macio, está pronto. Deixe esfriar e descasque.

2 – Bata os pinhões no liquidificador ou processador, ou então passe pelo moedor de carne. A ideia é preparar uma farofa. Bata em pequenas porções para facilitar.

3 – Agora vamos desmanchar a linguiça. Escolha a da sua preferência. Pode ser salsichão, também. Abra a camada que protege a linguiça e retire todo o interior. Leve para uma frigideira ou panela e frite bem, mexendo para deixá-la em pedacinhos.

4 – Quando a linguiça estiver dourada, acrescente a cebola bem picadinha. Misture e espere amolecer a cebola.

5 – Entre com a farofa de pinhão e misture tudo. Agora é preciso fogo baixo para cozinhar lentamente por cerca de 20 minutos. Sirva a farofa acompanhada de arroz branco. Com feijão ou molho de carne também fica uma delícia!

Vazio recheado com molho madeira

2 kg de vazio, 180g de bacon, 1 cebola, 2 colheres (sopa) de farinha de trigo, 1 copo de vinho tipo madeira, 1 colher (sopa) de manteiga, 1 copo de caldo de carne, 3 colheres (sopa) de molho de soja, 200g de champignon em conserva, sal

1 – Comece temperando o vazio com sal. Coloque o bacon e a cebola previamente cortada em cima da carne e enrole-a como se fosse um rocambole. Prenda com barbante. Acomode o vazio em uma forma e leve ao forno preaquecido por, aproximadamente, 1h30. Durante esse tempo, virar o vazio, de modo que todos os lados fiquem corados.

2 – Para fazer o molho, bata no liquidificador a farinha, o caldo de carne, o vinho, a manteiga e a água do champignon. Leve para o fogo e, mexendo sempre, deixe o molho engrossar. Quando isso acontecer, adicione o molho de soja e o champignon. Está pronto! Sirva o vazio com o molho madeira acompanhado de arroz branco.

Maminha na cerveja

1 kg de maminha, ½ xícara de molho de soja, 1 lata de cerveja preta, 1 cebola grande, 1 tomate grande, 1 xícara de caldo de carne, 3 colheres (sopa) de massa de tomate, 1 colher (sopa) de farinha de trigo, azeite

1 – Comece temperando a maminha com metade do molho de soja. Deixe um pouco no tempero. Enquanto isso, esquente uma panela grande e coloque um pouco de azeite. Coloque a maminha na panela e deixe fritar bem de um lado e do outro. Acrescente o restante do molho de soja. Em seguida, entra a cerveja preta.

2 – Bata no liquidificador a cebola, o tomate, o caldo de carne, a massa de tomate e a farinha de trigo. Coloque a mistura na panela e tampe-a. Deixe cozinhar até que o molho fique escuro e a maminha cozida. São 40 minutos, em média. Cuide para não queimar; se preciso, baixe o fogo.

3 – Quando o molho estiver bem escuro, retire a maminha da panela. Fatie e arrume em um prato. Cubra com

o molho e sirva acompanhada das batatas gratinadas e de arroz branco.

Costelão meia hora com polenta na pedra

1 pedaço de costela bovina, 1 copo de vinho tinto, ½ copo de suco de laranja, ½ copo de molho de soja, 3 colheres (sopa) de massa de tomate, 1 tomate, 1 cebola, 1 colher (sobremesa) de açúcar, 3 copos de caldo de carne, 500g de farinha de milho especial para polenta instantânea, 9 xícaras de água, 1 colher (sobremesa) de sal, 1 colher (sobremesa) de azeite

1 – Comece pela carne. Tudo vai para a panela de pressão. Arrume o pedaço de costela na panela. Por cima entram o vinho tinto, o suco de laranja, o molho de soja, a massa de tomate, o tomate e a cebola partidos em pedaços, o açúcar e o caldo de carne. Feche bem a panela. Leve ao fogo. Quando abrir fervura, cozinhe por 30 minutos. Espere esfriar para abrir a panela. A carne deve ficar macia, soltando do osso. Deixe ferver em fogo baixo, somente para manter aquecidos a costela e o molho.

2 – Prepare a polenta. Misture, em uma panela, 7 xícaras de água com o sal e o azeite. Leve ao fogo para abrir fervura.

3 – Agora, misture a farinha de milho especial para polenta instantânea com as 2 xícaras de água restantes. Quando

abrir fervura, junte a farinha dissolvida em água. Mexa por 5 minutos até formar a polenta.

4 – Logo em seguida, arrume a polenta em cima de uma pedra lisa ou de uma forma. Abra um buraco no centro e coloque a costela. Por cima, um pouco de molho. Sirva em seguida com o restante do molho à parte e um bom arroz branco.

Costela negra

200g de bacon, 2 kg de costela, 2 cebolas, 2 tomates, 3 colheres (sopa) de massa de tomate, 2 colheres de farinha de trigo, 2 copos de caldo de carne, 1 xícara de café preto passado sem açúcar, ½ copo de molho de soja, 1 lata de refrigerante tipo cola

1 – Comece dourando o bacon em uma panela ampla.

2 – Entre com a costela cortada nos módulos dos ossos, em pedaços grandes. Agora são 20 minutos até dourar a costela por todos os lados.

3 – Entre com as cebolas picadas. Misture. Junte também os tomates picados.

4 – Acrescente também a massa de tomate e mexa bastante para misturar bem todos os ingredientes.

5 – Polvilhe a farinha de trigo por cima e misture. Quando a farinha desaparecer, entre com o caldo de carne.

6 – Mais uns minutos de fogo e é hora de deixar a costela negra. Primeiro o café preto, depois o molho de soja e,

por último, o refrigerante tipo cola. Misture bem e tampe a panela. Deixe cozinhar por 40 minutos, uma hora, ou até a carne ficar macia e o molho bem escuro. Cuide para não secar. Se precisar, acrescente com um pouco de água. Sirva com arroz branco e salada.

COSTELÃO BANQUETE

Para a costela: 2 kg de costela bovina, batatas pequenas, cebolas pequenas, 3 cabeças de alho, suco de 1 limão, pimenta, sal

Para o molho: 1 cebola, 1 copo de caldo de carne, 1 copo de suco de laranja, ½ copo de vinho tinto, ½ copo de molho de soja, 1 colher (sopa) de farinha de trigo

1 – Tempere a costela com sal, pimenta e suco de limão. Coloque em uma forma juntamente com as cebolas, as cabeças de alho e as batatas previamente lavadas e com casca. Leve ao forno preaquecido.

2 – Bata no liquidificador todos os ingredientes do molho. Em uma panela, leve ao fogo até engrossar, o que deve demorar, em média, 20 minutos.

3 – Retire a costela do forno, regue com um pouco de molho e leve para assar novamente. Deixe por mais 20 minutos e repita a operação, mas desta vez virando a costela do outro lado. Deixe assar até que a carne esteja corada. Sirva o costelão com o molho restante, acompanhado de

arroz e salada verde ou salada de batatas. Um banquete fácil para qualquer data!

Mandioca de luxo

2 kg de mandioca (aipim ou macaxeira), 4 tomates pequenos, 2 cebolas pequenas, 1 tablete de caldo de carne, 3 colheres (sopa) de massa de tomate, 1 kg de linguiças variadas, azeite, ½ l de água

1 – Comece pela mandioca. Limpe e descasque-a.

2 – Bata no liquidificador 2 tomates com 1 cebola, o tablete de caldo de carne e ½ l de água.

3 – Arrume a mandioca em uma panela e despeje a mistura do liquidificador. Cubra tudo. Se for preciso, adicione mais água. Leve para o fogo e cozinhe até que a mandioca fique macia. O melhor é usar uma panela de pressão porque reduz o tempo de cozimento.

4 – Corte as linguiças em pedaços pequenos e leve-os para dourar em uma frigideira com um pouco de azeite. Acrescente a outra cebola picadinha, misture e junte os tomates picados também. Mexa e entre com a massa de tomate. Agora é preciso deixar o fogo baixo e cozinhar por alguns minutos.

5 – Quando o refogado estiver pronto e a mandioca cozida, bata no liquidificador uns pedaços de mandioca cozida com a água do cozimento e coloque também um pouco

do refogado de linguiça. A ideia é ter um creme meio líquido. Coloque esse creme no refogado de linguiças e misture. Deixe uns minutinhos no fogo para ficar tudo bem homogêneo e quente.

6 – Para servir, arrume os pedaços de mandioca cozidos em um prato fundo e cubra tudo com o molho de linguiça. Uma delícia para ir à mesa com um bom feijão.

Cozido do Anonymus

300g de linguiça, 250g de costelinha suína defumada, 100g de charque, ½ kg de carne bovina, ½ kg de carne de galinha, 1 tomate, 1 cebola, 1 cabeça + 1 dente de alho, 1 chuchu, 2 batatas-doces, ½ kg de aipim, 3 cenouras, 200g de nabo, 1 abobrinha, ½ kg de moranga, 150g de vagem, 4 folhas de couve, 1 molho de espinafre, azeite, ovos cozidos e tempero verde para acompanhar

1 – Comece organizando os ingredientes. A ideia é utilizar os vegetais que mais gostar e que tiver em casa. Pique as carnes e os vegetais mais ou menos do mesmo tamanho. Coloque o aipim, o nabo e as batatas-doces de molho na água para não pretear. Essa água também será utilizada no cozido.

2 – Em uma panela alta, coloque um pouco de azeite e frite a linguiça. Acrescente a costelinha suína, o charque, a carne bovina e a carne de galinha. Deixe fritar.

3 – Enquanto isso, bata no liquidificador o tomate, a cebola e o dente de alho com um pouco de água. Coloque a mistura na panela. Acrescente as batatas-doces, o chuchu, o aipim, o nabo, as cenouras e a cabeça de alho inteira bem lavada. Acerte a água e deixe ferver.

4 – Quando abrir fervura, adicione a abobrinha, a moranga e a vagem. Coloque o espinafre e a couve, sem o talo. Acerte a água e deixe cozinhar, em média, por 30 minutos. Sirva o cozido acompanhado de ovos cozidos e tempero verde picados.

Feijão da Linda

½ kg de feijão, 1 linguiça calabresa, 2 linguicinhas defumadas, 100g de bacon picado, 1 pedaço de carne bovina, 1 cebola, 1 tomate, 1 chuchu pequeno, 1 pedacinho de pimentão, 1 tablete de caldo de carne

1 – Deixe o feijão, já lavado, de molho em água fervente, até que a água esfrie. Acrescente mais água quente sempre que diminuir, até que não seja mais preciso. Os grãos vão absorver a água.

2 – Na panela de pressão, sem a tampa, frite o bacon picado, as linguiças cortadas em pedaços e a carne (pode ser sobras de churrasco ou paleta, agulha...), também cortada em pedaços.

3 – Acrescente a cebola e o tomate cortados em pedaços grandes, o tablete de caldo de carne e um pedacinho de

pimentão (deve ser pequeno, senão o gosto de pimentão predomina).

4 – Quando tudo estiver bem frito, ponha na panela o feijão que está de molho, com a respectiva água e mais um pouco de água, a ponto de cobrir tudo com folga. Acrescente o chuchu inteiro, com casca e tudo. Deixe ferver por 15 minutos com a panela aberta.

5 – Feche a panela de pressão e deixe cozinhar na pressão por 30 minutos.

6 – Depois, desligue o fogo e espere a panela esfriar por si, para sair a pressão.

7 – Retire uma colher de grãos, amasse-os com um garfo, e devolva-os à panela. Em seguida, com a panela aberta, deixe cozinhar por 15 minutos, em fogo baixo.

Feijoada vermelha

½ kg de feijão vermelho, 700g de costela bovina, 700g de carne bovina (agulha, paleta), 700g costela suína, 6 linguiças, 1 tomate, 1 pimentão, 1 cebola, 1 copo de caldo de carne, 100g de bacon, 1 molho de couve, sal, azeite

1 – Comece deixando o feijão de molho em água por algumas horas. O ideal é de um dia para o outro. Se não tiver muito tempo, deixe em água morna.

2 – Corte as carnes em pedaços, tempere-as com sal e refogue-as em uma panela ampla com azeite. Deixe que fiquem bem douradas.

3 – Junte as linguiças cortadas em rodelas. Misture e deixe refogar.

4 – Coloque o feijão em outra panela e cozinhe por 10 minutos em água.

5 – Bata no liquidificador o tomate, o pimentão, a cebola (tudo cortado) e o caldo de carne.

6 – É hora de juntar tudo na panela ampla. Primeiro entra o feijão que cozinhou por 10 minutos, com a água do cozimento. Depois entra a mistura do liquidificador. Mexa bem. Agora é preciso tempo – 1h30, em média, ou até que o feijão esteja macio. Se quiser usar a panela de pressão, o tempo diminui bastante. Nos 30 minutos finais de cozimento, ou depois que a panela de pressão for aberta, cozinhe com a panela destampada para secar um pouco o caldo.

7 – Com a feijoada pronta, prepare a couve. Corte-a em tirinhas finas. Refogue o bacon em uma frigideira e acrescente a couve. Deixe amolecer levemente e sirva junto com arroz e laranja.

Lombo com molho de ameixas

1 lombo suíno (de 1 kg, em média), 1 lata de ameixas em calda, 1 cebola, 1 tomate, ½ copo de molho de soja, 1 copo de vinho tinto, 1 copo de caldo de carne, 3 colheres (sopa) de massa de tomate, 1 colher (sopa) de farinha de trigo, sal, azeite

1 – Tempere o lombinho, se não vier temperado, com sal. Esquente uma panela e, com um pouco de azeite, doure o lombinho por todos os lados. Para ajudar, adicione uma ou duas colheres da calda das ameixas.

2 – Quando o lombo estiver dourado, acrescente a cebola e o tomate picados, a massa de tomate e a farinha de trigo. Misture. Junte também o molho de soja, o vinho e o caldo de carne. Deixe abrir fervura.

3 – Agora entram as ameixas, sem a calda e sem os caroços. Mexa bem e feche a panela. É preciso deixar no fogo por, em média, 40 minutos, o tempo de cozinhar bem o lombinho. Se você for daqueles que adoram o sabor agridoce, coloque um pouco mais da calda de ameixa no molho. Para não deixar secar o molho, acrescente um pouco de água quente, se preciso. O molho vai ficar escuro e saboroso.

4 – Arrume o lombinho em uma travessa, cubra-o com o molho e sirva com arroz verde. Uma delícia!

Galeto da Catarina

4 galetos, ½ l de vinho branco, 1 cebola, 1 dente de alho, 1 folha de sálvia, 6 folhinhas de manjerona, ½ limão, cebolas pequenas, batatas pequenas, folhas de radicci, fatias de bacon, 4 xícaras de farinha de milho grossa, 1 colher (cafezinho) de pimenta, sal, 1 colher (sopa) de azeite e 2 l de água

1 – Comece pelo tempero do galeto. Bata no liquidificador o vinho branco com a cebola em pedaços, o dente de alho, a sálvia, a manjerona, o suco do limão, sal e a pimenta. Despeje a mistura por cima dos galetos e deixe de preferência de um dia para o outro ou por no mínimo 3 horas.

2 – Retire os galetos do tempero e arrume-os em uma forma com uma fatia de bacon embaixo e outra fatia de bacon por cima de cada galeto. Coloque um pouco do tempero, arrume umas batatinhas e umas cebolas com casca e leve ao forno preaquecido. O tempo depende do seu forno – em média, 1 hora. Durante o tempo de forno, vire os galetos e acrescente mais tempero para deixar a forma com bastante molho no fundo.

3 – Quando os galetos estiverem prontos, retire-os e sirva com o molho que se formou no fundo da forma.

4 – Para preparar a polenta, leve uma panela com 2 litros de água, uma colher (sopa) de sal e outra de azeite para o fogão. Quando esquentar, mas sem ferver, adicione a farinha de milho grossa. Mexa até dissolver e resultar em uma mistura uniforme. Baixe o fogo e deixe cozinhar até formar a polenta, mexendo de vez em quando. Retire a polenta da panela, arrume em uma forma e deixe esfriar.

Corte-a fria em fatias grossas e leve-as para dourar em uma frigideira bem quente com um pouco de azeite. Deixe dourar dos dois lados.

5 – O radicci com bacon é bem simples. Doure uns pedacinhos de bacon e despeje por cima de folhas de radicci bem lavadas. Está pronto o galeto da Catarina, um galeto completo!

Mocotó de frango

½ kg de linguiça (pode ser defumada ou não, metade grossa, metade fina ou a linguiça que você preferir), 700g de carne de galinha (sobrecoxa fica bem saboroso), 1 cebola média, 2 cenouras médias, 1 tomate grande, 3 copos de caldo de galinha, ½ kg de feijão branco, 100g de azeitonas verdes

1 – Comece refogando a linguiça cortada em rodelas. Deixe dourar bem.

2 – Acrescente a carne de galinha cortada em pedaços, mais ou menos do mesmo tamanho das rodelas de linguiça. Deixe dourar.

3 – Entre com a cebola bem picada e misture. Em seguida acrescente as cenouras cortadas em rodelas e o tomate picado. Mexa tudo, adicione o caldo de galinha e tampe a panela. Deixe refogar por alguns minutos.

4 – É hora de colocar na panela o feijão e as azeitonas. Complete com água bem quente até cobrir tudo. É preciso

esperar cozinhar o feijão, o que leva 40 minutos, em média. Se você usar panela de pressão, ótimo. O tempo de cozimento será bem menor. A ideia é cozinhar o feijão e engrossar levemente o caldo. Se for preciso, adicione um pouco de farinha de trigo diluída em água para deixar o caldo mais grosso. Quando o feijão estiver macio, estará pronto.

5 – Sirva o mocotó de frango bem quente, acompanhado de ovo cozido picado e salsinha picadinha. Uma delícia!

Fricassê de forno

½ kg de peito de frango, 1 tablete de caldo de galinha, 1 cebola, 2 tomates, 1 xícara de palmito, 2 copos de requeijão, 3 ovos, ½ l de leite, 3 xícaras de farinha de trigo, 1 colher (sopa) de fermento químico, 100g de manteiga, 2 latas de milho, 200g de queijo em fatias, manteiga e farinha de trigo para a forma, água

1 – Comece cozinhando o peito de frango em uma panela com água (suficiente para cobrir a carne) e o tablete de caldo. Deixe cozinhar por cerca de 40 minutos ou até a carne ficar macia, no ponto para desfiar. Depois de cozido, desfie bem o peito de frango. Reserve.

2 – Misture a cebola e os tomates picados com o palmito cortado em cubinhos e os copos de requeijão. Adicione o frango desfiado, mexa bem e reserve.

3 – Ponha no liquidificador os ovos, o leite, a farinha de trigo, o fermento e a manteiga. Bata até formar uma massa.

4 – Chega a hora de montar o fricassê que vai ao forno. Arrume uma forma grande, que pode ser redonda com fundo removível para facilitar na hora de desenformar, unte-a com manteiga e passe farinha de trigo por cima para deixá-la enfarinhada.

5 – No fundo da forma, faça uma camada com a metade da massa batida no liquidificador. Coloque também a mistura com o frango desfiado. Por cima, espalhe o milho e o queijo em fatias. Para terminar, derrame a outra metade da massa até cobrir completamente toda a superfície.

6 – Leve ao forno preaquecido por, em média, 40 minutos. Quando dourar a parte superior, estará pronto o fricassê de forno. Desenforme e sirva. Fica uma delícia, parece um autêntico fricassê!

Torta de frango

Para a massa: *3 ovos, ¾ de xícara de óleo, 2 xícaras de leite, 2 xícaras de farinha de trigo, 1 tablete de caldo de galinha, 1 colher (chá) de fermento químico, manteiga para untar e farinha para enfarinhar a forma*

Para o recheio: *1 caixinha de creme de leite, 1 copo de requeijão, 1 ovo, 1 colher (chá) de sal, 3 xícaras de frango cozido e desfiado, 1 cenoura pequena ralada*

Para a cobertura: *150g de queijo picado ou ralado grosso*

1 – Comece pela massa. Bata no liquidificador os ovos, o óleo, o leite, a farinha de trigo, o caldo de galinha e o fermento. Coloque a mistura em um recipiente e reserve.

2 – Lave o copo do liquidificador e prepare o recheio. Bata o creme de leite, o requeijão, o sal e o ovo. Retire a mistura do liquidificador e reserve em outro recipiente. Misture os outros ingredientes do recheio (o frango desfiado e a cenoura).

3 – Chega a hora de montar a torta. Em uma forma de fundo removível untada e enfarinhada, arrume a massa. Por cima, entra o recheio. Cubra tudo com o queijo e leve ao forno preaquecido a 180ºC por, em média, 40 minutos. Se o queijo dourar muito antes de a massa ficar assada, cubra a torta com papel-alumínio.

4 – Retire do forno, desenforme e sirva. Uma delícia com uma salada verde ou para completar uma mesa de festa.

Suflê fácil de frango

500g de frango, 3 colheres (sopa) de massa de tomate, 100g de queijo ralado, 2 xícaras de farinha de trigo, 1 xícara de maisena, 4 ovos, 1 xícara de óleo, 1 colher (sopa) de fermento em pó, 1 xícara de caldo de galinha, 1 xícara de água, 3 colheres (sopa) de azeite de oliva

1 – Corte o frango em pedaços bem pequenos. Coloque-os numa frigideira com o azeite de oliva. Misture bem. Acrescente a massa de tomate, mexa e deixe refogar.

2 – Enquanto isso, bata no liquidificador a farinha, a maisena, os ovos, o óleo, o caldo de galinha, o fermento, a água e o queijo ralado. Unte e enfarinhe um refratário ou forma.

3 – Misture a massa batida no liquidificador com o refogado de frango e arrume na forma. Leve ao forno por 30 minutos.

Risoto de cogumelos

700g de carne de galinha, 1 tablete de caldo de galinha, 15g de cogumelo shitake seco, 100g de manteiga, 1 cebola, 3 xícaras de arroz arbóreo, 1 xícara de vinho branco, 140g de champignons, 100g de queijo ralado, 2 l de água, 3 colheres (sopa) de azeite

1 – Comece preparando um caldo de galinha. Coloque a carne (pode ser coxas, sobrecoxas, o que você quiser) dentro de uma panela grande com o tablete de caldo e 2 litros de água. Ligue o fogo e deixe ferver por 1 hora.

2 – Separe o caldo e desfie a carne de galinha.

3 – Coloque o shitake de molho em água morna – o suficiente para cobrir todos os cogumelos. Deixe por 30 minutos.

4 – Agora começa a preparação do risoto. Numa panela, acrescente o azeite e metade da manteiga. Em seguida, entre com a cebola bem picada.

5 – Quando a cebola ficar macia, adicione o arroz. Deixe fritar levemente e junte a galinha desfiada. Misture tudo.

6 – É hora dos líquidos. Primeiro, o vinho branco. Misture rapidamente. Quando o vinho for absorvido pelo arroz, entre com duas conchas do caldo, que deve estar bem quente. Mexa novamente. Quando secar o caldo, coloque mais, sempre mexendo. Quando secar novamente, mais caldo e assim até que o arroz fique macio, mas ainda *al dente*.

7 – Desligue a panela e coloque os champignons, o queijo ralado e o restante da manteiga. Mexa bem e sirva rapidamente com mais um pouco de queijo ralado. Uma delícia!

Galinhada do Anonymus

2 kg de galinha (pode ser pedaços com osso, como coxa, sobrecoxa...), ½ kg de moela, ½ kg de fígado de galinha, 5 xícaras de arroz, 1 cebola, 1 tomate, 1 pimenta vermelha, 2 dentes de alho, 3 colheres (sopa) de massa de tomate, 3 colheres (sopa) de açúcar, 2 l de água, ½ copo de vinagre, sal a gosto para temperar a galinha, azeite

1 – Primeiro é preciso fazer um caldo. Coloque as moelas e a água em uma panela. Deixe ferver. Quando o caldo estiver pronto, retire as moelas, que também serão utilizadas na galinhada.

2 – Em uma panela grande, esquente um pouco de azeite. Acrescente o açúcar e, quando ele começar a caramelar, coloque os pedaços de galinha já temperados com vinagre

e sal. Deixe dourar. Vire os pedaços de galinha para que todos os lados fiquem bem dourados. Adicione as moelas e os fígados, também picados.

3 – Acrescente a cebola e o tomate previamente picados. Entre com a massa de tomate, o alho e a pimenta. Tampe a panela e deixe cozinhar um pouco.

4 – Coloque o caldo das moelas e acrescente o arroz. Deixe cozinhar com a panela tampada.

5 – Quando o arroz estiver cozido, desligue o fogo e mantenha a panela tampada por 5 minutos. Está pronto. Sirva com salada verde.

Moranga caramelada

1 kg de moranga, 3 xícaras de açúcar

1 – Lave bem a casca, limpe as sementes e corte em fatias grossas. Arrume em uma panela e cubra o fundo com água. Leve ao fogo baixo. Por cima, acrescente 1 xícara de açúcar, espalhando sobre os pedaços de moranga. Tampe a panela mas deixe uma pequena fresta até secar levemente a água. Acrescente mais um pouco de água na calda para deixá-la mais fina. Também acrescente a outra xícara de açúcar. Tampe novamente a panela deixando a fresta. Repita essa operação até caramelar totalmente a moranga, acrescentando a outra xícara de açúcar. Para caramelar a moranga o tempo de cozimento é, em média, de 1 hora. Você pode deixar mais ou menos dourada. Depende do seu gosto. A moranga caramelada vai bem com uma carne assada.

Galinha gaúcha

150g de bacon, 2 dentes de alho, 2 kg de carne de galinha, 1 colher (chá) de colorau, 300g de linguiça, 2 pimentões vermelhos, 1 cebola grande, 2 tomates, 2 tabletes de caldo de galinha, 2 colheres (sopa) de farinha de trigo, 3 colheres (sopa) de massa de tomate

1 – Vamos à galinha gaúcha. Esquente uma panela ampla e coloque o bacon picado para fritar. Quando dourar levemente, entre com o alho picado e o colorau. Em seguida, a galinha em pedaços já temperada. Pode ser coxa, sobrecoxa, peito, asa, o que você quiser. Refogue bem os pedaços de galinha no colorau por uns 10 minutos, mais ou menos. Agora chega a vez da linguiça cortada em pedaços grandes. Frite bem.

2 – Agora vamos ao molho da galinha gaúcha. Bata no liquidificador os pimentões, a cebola e os tomates picados junto com tabletes de caldo de galinha, farinha de trigo e massa de tomate. Junte um pouco de água para bater tudo. Leve para a panela e misture. Deixe cozinhar por 20 minutos ou até o molho estar bem vermelho e consistente.

3 – Retire os pedaços de galinha da panela e arrume em uma travessa. Cubra com o molho. Sirva com a moranga caramelada da receita anterior e arroz branco.

Frango quatro queijos

1 kg de peito de frango, 2 l de caldo de galinha, 1 l de leite, 2 colheres (sopa) de farinha de trigo, 200g de requeijão, 200g de queijo mussarela, 150g de queijo colonial, 150g de queijo parmesão

1 – Em uma panela grande, cozinhe o peito de frango no caldo de galinha. Pode ser utilizado peito de frango congelado.

2 – No liquidificador, bata o leite, os queijos e a farinha. Faça isso em duas etapas para que tudo fique bem misturado.

3 – Coloque a mistura de queijo em uma panela e leve ao fogo até que o molho engrosse.

4 – Com o peito de frango cozido, desfie toda a carne e coloque na panela com o mollho. Misture. Aproveite o caldo de galinha utilizado para cozinhar o frango e faça um arroz para servir como acompanhamento. Incremente com ervilhas e tomate-cereja. Fica uma delícia!

Frango afogado

½ kg de frango, 1 tomate, 1 cebola, 3 colheres (sopa) de massa de tomate, ½ copo de molho de soja, 1 copo de vinho branco, 2 copos de caldo de galinha, 500g de massa, 150g de queijo em fatias, 100g de queijo ralado, azeite

1 – Em uma caçarola ou panela ampla com um pouco de azeite, frite o frango cortado em iscas. Acrescente a cebola e o tomate. Quando os ingredientes estiverem refogados, misture a massa de tomate. Entre com o molho de soja, o vinho branco e o caldo de galinha.

2 – Quando o molho abrir fervura, acrescente a massa e deixe cozinhar. De vez em quando, mexa a massa, de modo que ela não grude no fundo da panela Quando a massa estiver *al dente*, desligue o fogo e coloque as fatias de queijo por cima. Cubra com o queijo ralado e tampe a panela. Deixe o queijo derreter e sirva em seguida.

Frango do bafômetro

1 kg de sobrecoxas de frango, 100g de bacon, 3 colheres (sopa) de extrato de tomate, 200g de cebolinhas em conserva, 2 dentes de alho, 100g de uva-passa, 200ml de vinho branco, 50ml de cachaça, sal, pimenta-do-reino, suco de limão, azeite

1 – Com um pouco de azeite, frite o bacon previamente picado. Coloque as sobrecoxas e tempere com sal,

pimenta-do-reino e suco de limão. Deixe refogar até o frango ficar dourado.

2 – Adicione o alho picado, as cebolinhas, o extrato de tomate, o vinho e a cachaça. Deixe cozinhar até que o frango esteja macio.

3 – Junte as passas e deixe cozinhar por mais 5 minutos, aproximadamente. Está pronto! Sirva acompanhado de arroz branco e salada. Uma refeição completa.

Galinha de festa

8 sobrecoxas, 2 cebolas grandes, 2 copos de caldo de galinha, 1 copo de água, óleo

1 – Comece pela escolha da panela onde será feita a galinha. As sobrecoxas devem caber todas na panela sem que fiquem umas por cima das outras. Coloque óleo na panela, o suficiente para cobrir o fundo. Frite a cebola até ficar bem corada – dourada, mas não queimada.

2 – Despeje o caldo de galinha e a água e espere abrir fervura, o que deve demorar cerca de 15 minutos.

3 – Arrume as sobrecoxas no fundo da panela e deixe cozinhar por, em média, 40 minutos. Quando dourar um dos lados das sobrecoxas, vire-as e destampe a panela. Deixe o molho secar, reduzir um pouco.

A galinha de festa vai bem com salpicão de presunto, arroz e batata palha.

Peru aberto

1 peru já temperado, batatas pequenas, cebolas pequenas, azeite de oliva

1 – Comece pelo peru. Para abri-lo, corte o peito da ave de cima para baixo, afaste as duas partes e vire o peru ao contrário. Faça força nas "costas" da ave, para que o peru fique totalmente aberto.

2 – Leve o peru para uma forma, regue com azeite de oliva e espalhe as cebolas e as batatas previamente lavadas, com as cascas. Leve ao forno preaquecido por, em média, 1 hora.

Ave recheada com calabresa

1 ave natalina, 400g de linguiça calabresa, 50g de bacon, 1 cebola, 100g de azeitona, 50g de queijo ralado, 3 batatas grandes, azeite

1 – Comece preparando o recheio para a ave. Refogue o bacon e a linguiça, bem picados, em uma frigideira com um fio de azeite. Alguns minutos e acrescente a cebola picada. Deixe mais um tempinho e acrescente as azeitonas picadas e o queijo ralado. Misture tudo. Desligue o fogo.

2 – Arrume o recheio no interior da ave natalina. Corte em lascas as batatas, com casca mesmo, mas lembre de lavá-las antes. Arrume as batatas no fundo de uma forma

e por cima coloque a ave já recheada. Espalhe azeite de oliva por cima de toda a ave.

3 – Leve a forma ao forno preaquecido por, em média, 1 hora.

Peru embriagado

1 peru já temperado (1 kg, 1 ½ kg), 1 ½ l de vinho branco seco, 2 maçãs descascadas e sem sementes, 2 colheres (sopa) de manteiga

1 – Comece embriagando o peru. Arrume o peru dentro de um recipiente fundo e cubra-o com o vinho. Se faltar, acrescente água. Ele deve ficar submerso. Deixe de molho por pelo menos 3 horas.

2 – Retire-o do vinho. Seque levemente. Recheie o peru, já limpo, com as maçãs, sendo que uma delas deve estar picada. A outra pode ser cortada em metades.

3 – Passe a manteiga por todo o peru. Coloque-o em uma assadeira e leve ao forno médio, preaquecido, até assar completamente. O peru deve ficar cozido por dentro e dourado por fora. Em média, 1 hora de forno ou um pouco mais. Depende do forno.

4 – Depois de pronto, o peru embriagado deve ser arrumado em uma travessa e pode ser decorado com frutas em calda como abacaxi, figo, cerejas, pêssegos e ameixas ou fios de ovos.

Farofa de miúdos

Farinha de mandioca, miúdos de peru, passas de uva, óleo

1 – Para a farofa, corte a moela, o coração e o fígado – geralmente os miúdos acompanham a ave. Leve para a frigideira com um pouco de óleo e, quando estiverem levemente dourados, acrescente a farinha, o quanto baste para formar a farofa. Finalize com as passas. Sirva a farofa como acompanhamento ao peru na ceia de Natal. Vai fazer sucesso!

Farofa brasileira

1 banana grande, 400g de farofa pronta, 1 cebola, 2 ovos, 1 xícara de azeitona, 50g de queijo ralado

1 – Refogue a cebola picada e acrescente a farofa pronta. Misture, deixe alguns minutos e adicione os ovos. Mexa rapidamente para cozinhá-los. Acrescente também as azeitonas picadas e o queijo ralado. Mexa. Por último, entra a banana já cortada em cubinhos. Misture tudo, uns minutinhos de fogo e está pronta a farofa para servir acompanhada da ave recheada com calabresa!

Estrogonofe de peixe

1 kg de peixe, 2 cebolas, 2 tomates, 1 copo de caldo de carne, 1 copo de vinho tinto, 1 colher (sopa) de farinha de trigo, 1 xícara (cafezinho) de catchup, 250g de champignon, 1 lata de creme de leite, 300g de batata palha, suco de limão, sal, óleo

1 – Escolha um peixe que seja firme. Pode ser cabrinha, papa-terra, salmão ou qualquer outro à sua escolha. Corte-o em pedaços médios, como se fossem iscas. Tempere com suco de limão e sal a gosto. Reserve.

2 – Bata no liquidificador as cebolas, os tomates, o caldo de carne, a farinha, o catchup e o vinho. Aproveite para colocar também a água do champignon. Se não couber tudo no liquidificador, faça em duas etapas ou deixe o vinho para misturar direto na panela.

3 – Despeje o molho batido no liquidificador em uma panela e leve ao fogo até engrossar, o que deve demorar, aproximadamente, 30 minutos. Quando o molho estiver pronto, acrescente o peixe e os champignons. Deixe cozinhar até que o peixe fique no ponto. Desligue o fogo e misture o creme de leite.

4 – Em uma frigideira, coloque um pouco de óleo e passe a batata palha. É uma operação rápida, somente o suficiente para que a batata fique mais crocante. Sirva o estrogonofe com a batata palha e arroz. Uma refeição completa!

Lasanha de peixe na pimenta

2 tomates, 1 cebola, 3 colheres (sopa) de massa de tomate, 1 copo de vinho tinto, 1 copo de caldo de carne, 50g de manteiga, 1 l de leite, 2 colheres (sopa) de farinha de trigo, ½ kg de peixe, 1 colher (sopa) de molho de pimenta, 500g de massa para lasanha (que possa ir direto ao forno), 400g de queijo ralado grosso, sal

1 – Escolha um peixe que seja firme. Pode ser cabrinha, papa-terra ou qualquer outro à sua escolha. Corte-o em pequenas iscas. Tempere com a pimenta e sal a gosto. Reserve.

2 – É preciso fazer dois molhos: um vermelho e outro branco. Comece pelo vermelho. Bata no liquidificador os tomates, a cebola, a massa de tomate, o vinho e o caldo de carne. Leve ao fogo e, quando o molho já estiver pronto, acrescente o peixe.

3 – Para o molho branco, bata no liquidificador a manteiga, o leite e a farinha de trigo. Leve ao fogo até engrossar.

4 – Monte a lasanha colocando em um refratário grande uma camada do molho vermelho com o peixe e o queijo, uma de massa, uma de molho branco e queijo. Repita as camadas até preencher o refratário. Leve ao forno por, aproximadamente, 40 minutos. Está pronto!

Peixe no forno com creme de atum

1 peixe inteiro, suco de 1 limão, 1 l de leite, 2 colheres (sopa) de farinha de trigo, 200g de queijo, 2 latas de atum ralado, 150g de batata palha, batatas, cebolas, sal

1 – Comece temperando o peixe, que deve já estar limpo. Espalhe um pouco de sal e o suco do limão por dentro e por fora. Leve-o para a geladeira.

2 – Agora vamos preparar o creme de atum. Bata no liquidificador o leite, a farinha de trigo e o queijo picado. Leve a mistura para uma panela e, mexendo sempre, espere engrossar.

3 – Quando o molho estiver grosso, desligue o fogo e deixe esfriar um pouco. Acrescente o atum. Misture bem.

4 – Agora vamos rechear o peixe. Misture um pouco do creme de atum com a batata palha, o suficiente para rechear o peixe. O restante do creme e da batata vão entrar depois.

5 – Feche o peixe com palitos. Arrume-o em uma forma com as batatas e as cebolas. Se forem daquelas pequenas, fica melhor.

6 – Leve para o forno preaquecido por 1h30, em média. Quando o peixe dourar e as batatas ficarem macias, está pronto.

7 – Retire do forno. Arrume o peixe em uma travessa. Aqueça o creme de atum e espalhe por cima. Enfeite com a batata palha e as batatas e cebolas assadas. Sirva em seguida.

Peixe acebolado

2 filés de salmão (ou o peixe da sua escolha), 2 cebolas, sal, pimenta, azeite

1 – Tempere o peixe com sal e pimenta. Corte-o em pedaços grandes. Esquente uma frigideira e coloque um pouco de azeite. Arrume os pedaços de peixe na frigideira e deixe fritar por 3 minutos. Vire-os. Junte as cebolas cortadas em rodelas e espere mais 3 minutos.

2 – Agora é hora de baixar o fogo e tampar a frigideira. Deixe em fogo baixo até amaciar as cebolas. Sirva com arroz piemontês.

Torta rápida de sardinha

250g de sardinha em lata (2 latas pequenas ou 1 grande), 1 copo de molho de tomate, 1 cebola, 3 xícaras de farinha de trigo, 1 colher (sopa) de fermento químico, 1 copo de óleo (use o óleo da sardinha e complete com óleo vegetal), 1 copo de leite, pimenta, sal

1 – Comece pelo recheio. Esmague a sardinha e misture-a ao molho de tomate e à cebola bem picada. Tempere com pimenta e um toque de sal.

2 – Em uma forma ou refratário, coloque a farinha de trigo e o fermento. Misture. Acrescente também o óleo.

Mexa bem e junte o leite. Deve-se deixar a massa bem uniforme, homogênea. Se preciso, coloque a mão na massa. Tempere com sal.

3 – Espalhe a massa pelo fundo e pelas laterais da forma. Arrume o recheio por cima e leve ao forno preaquecido por, em média, 30 minutos. A massa vai ficar assada e o recheio levemente dourado. Sirva quente ou fria. Fica uma delícia!

Falsa polenta de sardinha

4 pães do tipo francês adormecidos, 1 lata de ervilha, 375g de sardinha em lata, 3 colheres (sopa) de massa de tomate, ⅔ de copo de azeite, 2 cebolas, 2 ovos, sal, água

1 – Coloque os pães em uma vasilha e cubra-os com água. Deixe descansar.

2 – Em uma panela, esquente o azeite. Adicione as cebolas previamente picadas. Quando as cebolas estiverem macias, acrescente a massa de tomate. Misture bem.

3 – Retire o óleo da sardinha e esmague toda ela. Leve à panela com os outros ingredientes. Acrescente as ervilhas.

4 – Com a ajuda de uma peneira, retire toda a água dos pães.

5 – Em outra tigela, bata os ovos.

6 – Com a panela fora do fogo, misture os pães e os ovos. Leve novamente ao fogo e misture bem. Acerte o sal. Continue mexendo. Quando a mistura começar a soltar

da panela, retire do fogo e despeje em uma forma ou refratário untado.

7 – Leve ao forno preaquecido para assar, o que deve levar, em média, 30 minutos. Sirva a falsa polenta de sardinha gelada.

Risoto de salmão

3 xícaras de arroz arbóreo, ½ kg de salmão, 4 xícaras de caldo de salmão ou 3 tabletes de caldo de galinha, 2 xícaras de vinho branco, ½ cebola, 100g de queijo ralado, 100g de requeijão, azeite

1 – Corte o salmão em pedaços, coloque-os em uma panela com um pouco de azeite e acrescente a cebola bem picada. Deixe fritar um pouco, o suficiente para que a cebola fique macia.

2 – Acrescente o arroz e, mexendo, adicione o caldo de salmão e o vinho branco. Deixe cozinhar por 20 minutos.

3 – Com o arroz *al dente*, coloque o queijo ralado e o requeijão. Misture bem. Tampe a panela por 5 minutos. Sirva em seguida.

Prepare o caldo de salmão em casa: em uma panela, coloque a carcaça do salmão. Cubra com 1 l de água e adicione ½ cebola. Deixe ferver por, aproximadamente, 20 minutos. Coe o caldo. Se preferir utilizar caldo em tablete, use caldo de galinha. Dissolva 3 tabletes de caldo de galinha em 4 xícaras de água quente.

SALMÃO MULTIPLICADO

½kg de salmão, 2 cebolas, 3 tomates, 6 batatas, ½ copo de requeijão, 200g de queijo ralado grosso, sal, suco de limão

1 – Comece temperando o salmão com sal e limão. Coloque-o em uma forma juntamente com os tomates previamente lavados, as cebolas e as batatas descascadas. Leve ao forno por, aproximadamente, 40 minutos, ou até o salmão ficar assado e as batatas macias.

2 – Amasse as batatas e os tomates. Corte a cebola e o salmão. Acrescente o requeijão e misture tudo. Coloque em um refratário e cubra com o queijo. Leve ao forno por 10 minutos para gratinar. Está pronto!

SALMÃO AO MOLHO DE UVAS

400g de filé de salmão, 150ml de espumante moscatel, 100g de creme de leite, 15 grãos de uva rosé descascados e sem caroço, 20g de uvas-passas, 1 ramo de salsa, sal, pimenta, 5 colheres (sopa) de azeite de oliva

1 – Comece pelo salmão, que deve estar previamente cortado e sem espinha e couro. Tempere-o com sal e pimenta. Em uma frigideira, grelhe o peixe dos dois lados no azeite de oliva. Reserve.

2 – Para fazer o molho, aqueça outra panela e coloque o espumante, deixando-o deglacear. Em seguida, adicione as uvas-passas e o creme de leite. Para finalizar, junte as uvas e a salsa.

Salmão gratinado

1 l de leite, 2 colheres (sopa) de farinha de trigo, 100g de manteiga, 700g de salmão, 200g de presunto, 200g de queijo, sal, pimenta, azeite

1 – Comece preparando um molho branco. Bata no liquidificador o leite, a manteiga e a farinha de trigo. Leve a mistura para uma panela em fogo baixo, tempere com sal e pimenta e, mexendo sempre, espere engrossar. Reserve.

2 – Corte o filé de salmão em pedaços. Pique também o presunto. Esquente uma frigideira com um pouco de azeite. Refogue rapidamente o presunto. Em seguida entre com o salmão. Misture. Tempere com sal e deixe dourar levemente o peixe.

3 – Arrume o peixe com o presunto em um refratário. Misture metade do queijo picado. Por cima, entre com o molho branco. Finalize com o restante do queijo em fatias, para cobrir tudo.

4 – Leve ao forno preaquecido por 30 minutos ou até gratinar o queijo. Sirva com um arroz colorido, preparado com cebola, cenoura e tomate.

Camarão à Cecília

500g de camarão, ½ limão, ½ l de leite, 1 colher (sopa) de farinha de trigo, 1 colher (sopa) de manteiga, 1 cebola pequena, 300g de queijo ralado grosso (ou picado), suco de limão, sal, pimenta, azeite

1 – Comece temperando o camarão com o suco de limão, um pouco de sal e pimenta. Deixe na geladeira.

2 – Bata no liquidificador o leite, a farinha, a manteiga e a cebola cortada em pedaços. Tempere com sal. Leve a mistura para uma panela no fogo baixo e, mexendo sempre, espere engrossar, o que leva 5 minutos, em média. Reserve.

3 – Esquente uma frigideira ou panela que tenha tampa. Coloque um pouco de azeite e, em seguida, os camarões junto com o tempero. Deixe fritar dos dois lados até ficarem rosados.

4 – Cubra os camarões com o molho branco e, por cima, entre com o queijo. Tampe a panela e deixe derreter o queijo (5 minutos, mais ou menos).

5 – Sirva em seguida, acompanhado de arroz branco preparado com tomates picados e cenoura ralada.

Frigideira de Camarões

1kg de camarões, 1 bandeja de tomate-cereja, 3 batatas, 1 vidro de palmito, 100g de bacon, 1 xícara (cafezinho) de molho de soja, 1 cebola inteira e uma rodela, 100g de queijo ralado, 50g de manteiga, 1 molho de rúcula, sal, óleo

1 – Corte as batatas em rodelas, coloque-as em uma panela com água, uma rodela de cebola e sal. Leve-as ao fogo até cozinhar. Não é preciso deixá-las muito macias.

2 – Em uma frigideira já no fogo, coloque a manteiga com um pouco de óleo. Acrescente o bacon e a cebola previamente picados.

3 – Misture os camarões e deixe-os cozinhar até ficarem corados (por volta de 2 minutos). Coloque o molho de soja.

4 – Misture as batatas e o palmito (sem a água). Acrescente os tomates e folhas de rúcula. Sirva em seguida.

Camarão à Parmegiana

Para o camarão: *½ kg de camarão, 1 limão, pimenta-do-reino, farinha de trigo, 2 ovos, farinha de rosca, sal*

Para o molho: *8 tomates, 1 cebola, 1 colher (sopa) de farinha de trigo, ½ l de água, queijo em fatias, sal*

1 – Comece empanando os camarões. Para isso, é preciso temperá-los com suco de limão, pimenta e sal a gosto. Em seguida, passe os camarões, um por um, na farinha de trigo, nos ovos previamente batidos e na farinha de rosca. Coloque-os em um refratário e leve ao forno preaquecido até que fiquem dourados.

2 – Para fazer o molho, é preciso bater no liquidificador os tomates, a cebola, a farinha e a água com uma pitada de sal e, se quiser, uma pitada de pimenta-do-reino. Leve ao fogo por 40 minutos, em média.

3 – Retire os camarões do forno, coloque por cima uma camada de molho, o queijo em fatias e o restante do molho. Leve tudo ao forno novamente por 10 minutos, o suficiente para derreter o queijo. Está pronto!

Gratinado de camarão

1 kg de camarão, 1 kg de batata, 2 tomates, 1 cebola, 2 colheres (sopa) de farinha de trigo, 3 colheres (sopa) de massa de tomate, 1 copo de caldo de carne, 1 copo de vinho branco, 1 ovo, 1 colher (sopa) de manteiga, 150g de queijo ralado, 100g de queijo em fatias, 1 colher (sopa) de azeite de oliva, 300g de seleta de legumes, suco de limão, sal

1 – Comece temperando os camarões com suco de limão e sal. Em um outro refratário, deixe alguns separados para enfeitar o prato. Reserve.

2 – Agora é preciso fazer um molho vermelho. Bata no liquidificador os tomates, a cebola, a farinha, a massa de tomate, o caldo de carne e o vinho. Com os ingredientes bem batidos, leve o molho ao fogo por 30 minutos, em média.

3 – Enquanto isso, prepare um purê. Amasse as batatas previamente cozidas e descascadas. Misture o ovo, a manteiga e o azeite. Acrescente duas colheres (sopa) do queijo ralado e misture bem. Reserve.

4 – Quando o molho estiver bem vermelho, acrescente a seleta de legumes e o camarão. Deixe cozinhar por mais 2 minutos, aproximadamente, ou até os camarões ficarem corados.

5 – Com o purê e o molho prontos, monte o prato. Se preferir, o gratinado de camarão pode ser servido em pequenas porções. Coloque primeiro o purê e, por cima, o molho com os camarões e a seleta. Cubra com queijo em fatias. Coloque os camarões que foram reservados por cima e cubra tudo com queijo ralado.

6 – Leve ao forno preaquecido por cerca de 10 minutos. Com o queijo derretido, retire do forno e sirva em seguida. É uma receita deliciosa, que vai deixar os convidados maravilhados.

Salada ao molho vinagrete

Folhas verdes, azeite de oliva, vinagre (branco e vermelho), ½ molho de salsinha verde, 1 cebola, ½ pimentão vermelho, sal, pimenta

1 – Pique bem a salsinha, a cebola e o pimentão vermelho. Misture tudo. Em outra vasilha, coloque um pouco de azeite, de vinagre (dos dois tipos) e tempere com sal e pimenta. Mexa bem com um garfo. Junte o líquido com os sólidos. Misture. Agora é hora de acertar o ponto – mais líquido, menos líquido. Prove para sentir o sabor. Acerte o vinagre e o azeite. Deixe o molho de lado para que todos os ingredientes se misturem bem. Sirva com as folhas verdes.

Sopa do chefe

Água do cozimento de batatas (1 ½ l – a ideia é usar a água em que você cozinha 2 kg de batata que depois servem para uma maionese, purê...), 2 batatas cozidas (reserve 2 batatas para a sopa), 2 tabletes de caldo de galinha, 1 cebola, 4 ovos, 2 pães (cervejinha, francês...), azeite de oliva

1 – Comece batendo no liquidificador a cebola, as batatas (podem ser com casca) em pedaços, os tabletes de caldo de galinha e a água do cozimento das batatas. O objetivo nesta receita é aproveitar a água que sempre vai fora.

2 – Leve a mistura para uma panela e deixe cozinhar por 30 minutos. Enquanto isso, corte os pães em quadradinhos e arrume-os em uma forma. Espalhe um pouco de azeite de oliva por cima e leve ao forno até ficarem dourados.

3 – Quando a sopa estiver fervendo abra os ovos e arrume-os dentro da panela. Eles vão cozinhar no calor da sopa.

4 – Sirva em seguida com queijo ralado, salsa picada e com os quadradinhos torrados de pão.

Estrogonofe de vegetais

1 l de caldo de legumes, 250g de cenoura, 250g de mandioquinha, 250g de nabo, 250g de batata, 250g de moranga, 250g de vagem, 250g de chuchu, 250g de abobrinha, 1 l de leite, 2 colheres (sopa) de farinha de trigo, 1 colher (sopa) de manteiga, 3 colheres (sopa) de massa de tomate, sal

1 – Primeiro, organize os ingredientes. A ideia é utilizar legumes e hortaliças que tenha em casa e de que mais goste. Corte tudo em tamanhos parecidos.

2 – Numa panela, coloque o caldo de legumes e os vegetais que demoram mais para cozinhar. Neste caso, a mandioquinha, o nabo, a cenoura e a batata. Com a panela tampada, deixe cozinhar.

3 – Enquanto isso, bata no liquidificador o leite, a farinha e a manteiga. Com os ingredientes bem misturados, coloque tudo em uma panela e, mexendo sempre, deixe engrossar.

4 – Com o molho branco pronto, misture-o molho aos vegetais. Acrescente a moranga, a vagem, o chuchu e a abobrinha. Adicione a massa de tomate. Mexa bem. Este é o momento de acertar o sal. Deixe cozinhar por, em média, 20 minutos. Quando abrir fervura, desligue o fogo. Sirva acompanhado de arroz e batata palha. Para a batata palha ficar mais crocante, coloque-a em uma frigideira e deixe fritar por uns 5 minutos.

ABOBRINHAS RECHEADAS

6 abobrinhas redondas, 1 cebola, 4 cenouras, 1 chuchu, 300g de ervilha, 1 copo de caldo de legumes, 1 l de leite, 2 colheres (sopa) de farinha de trigo, 300g de queijo mussarela, azeite, sal

1 – Lave bem as abobrinhas. Corte a parte de cima de cada uma delas, como se fosse uma tampa. Retire todas as sementes, deixando-as ocas. Reserve.

2 – Em uma frigideira ampla com um pouco de azeite, refogue a cebola, as cenouras e o chuchu previamente picados. Adicione o caldo de legumes. Deixe cozinhar até que tudo fique macio.

3 – Bata no liquidificador o leite, a farinha de trigo e 200g do queijo. Com os ingredientes bem misturados, leve ao fogo até engrossar.

4 – Misture o refogado com o molho de queijo. Adicione as ervilhas e acerte o sal. Mexa bem.

5 – Coloque um pouco do molho em cada uma das abobrinhas. Cubra com o queijo restante. Por cima, vai a tampa. Leve ao forno preaquecido para gratinar o queijo e cozinhar as abobrinhas. Vinte minutos é o bastante. Sirva em seguida.

TORTINHAS COLORIDAS

300g de presunto, ½ xícara de leite, 3 cenouras cozidas, 1 lata de milho, 1 lata de ervilhas, 1 cebola, 13 colheres (sopa) de farinha de trigo, 6 ovos, 1 xícara de queijo ralado, manteiga ou margarina para untar, sal, pimenta

1 – Comece batendo os ovos. Tempere com um pouco de sal e pimenta.

2 – Misture o presunto, a cebola e as cenouras cozidas, que devem estar bem picados. Depois entra a farinha. Misture.

3 – Acrescente o queijo, o milho e as ervilhas. Por último, o leite.

4 – Arrume tudo em forminhas que devem estar untadas com manteiga ou margarina.

5 – Leve ao forno médio por 40 minutos. Quando dourar a parte de cima, está pronto. Sirva quente, morno ou frio!

Batatas assadas com tomates

2 batatas, 2 cebolas, 2 tomates, folhas de manjericão, 1 xícara de caldo de galinha, queijo ralado

1 – Em um refratário raso, arrume uma camada de cebolas, outra de batatas e, por cima, os tomates, todos cortados em rodelas. Arrume as folhas de manjericão e regue com o caldo de galinha. Polvilhe com queijo ralado e leve ao forno preaquecido por cerca de 40 minutos.

Batatas crocantes

4 batatas grandes, 3 colheres (sopa) de manteiga, sal, óleo

1 – Corte as batatas em rodelas grossas. Cozinhe em água quente com um pouco de sal. Deixe amaciarem, mas não muito. Retire-as da água.

2 – Esquente bem uma panela e adicione as colheres de manteiga com um pouco de óleo para não queimá-la. Arrume as fatias de batata já cozida e deixe fritar de um lado e depois do outro. Retire-as quando estiverem douradas e arrume-as em um prato com papel absorvente. Sirva as batatas crocantes acompanhadas de uma carne, por exemplo.

Batatas Elda

1 cebola grande, 3 cenouras, 1 kg de carne de galinha, 2 kg de batatas, 2 colheres (sopa) de farinha de trigo, ½ l de caldo de galinha, 3 colheres (sopa) de massa de tomate, 1 ramo de salsinha verde, folhas de manjericão, 350g de creme de leite fresco, 100g de queijo ralado, sal, azeite

1 – Comece pelas batatas. Descasque-as depois de bem lavadas e coloque-as em uma panela com água. Acrescente sal a gosto e leve para o fogo. Deixe ferver até que fiquem macias. Faça o teste com um garfo.

2 – Agora vamos ao refogado. Esquente uma frigideira e acrescente um pouco de azeite. Em seguida, a carne de galinha bem picada. Deixe dourar levemente. Entre com a cebola e a cenouras picadas. Misture.

3 – Acrescente a farinha de trigo aos poucos e misture rapidamente. Quando a farinha for absorvida pelo molho, adicione a massa de tomate e o caldo de galinha (você pode prepará-lo ou dissolver 2 tabletes de caldo de galinha em ½ l de água quente). Misture, baixe o fogo e deixe cozinhar por 15 minutos ou até o molho ficar homogêneo e a carne bem cozida. Tempere a gosto.

4 – Volte às batatas. Arrume-as, ainda quentes, em um refratário grande. Esmague-as bem com a ajuda de um garfo. Tempere com sal. Deixe uma camada compacta de batatas.

5 – Arrume as folhas de manjericão e a salsinha picada por cima das batatas. Depois, entra o refogado. Espalhe-o. Para finalizar, o creme de leite fresco e o queijo ralado.

6 – Leve ao forno preaquecido por, em média, 20 minutos, ou até dourar o queijo. Sirva em seguida.

BATATAS GRATINADAS

2 kg de batatas, 1 l de leite, 2 colheres (sopa) de farinha de trigo, 100g de manteiga, 100g de queijo ralado, 1 colher (sopa) de sal

1 – Lave bem as batatas e corte-as, com a casca, em lascas grossas. Cozinhe-as em água com uma colher de sal por 15 minutos depois que abrir fervura, o tempo suficiente para amolecer as batatas. Enquanto isso, bata no liquidificador o leite, as duas colheres de farinha de trigo, a manteiga e o queijo ralado.

2 – Arrume uma camada de batatas em um refratário grande. Por cima ponha uma camada do molho branco, mais uma camada de batatas, mais molho. Faça quantas camadas desejar. Leve ao forno preaquecido por, em média, 20 minutos ou até gratinar as batatas.

MAIONESE ASSADA

4 xícaras de batata cozida e picada, 1 cebola picada, 1 xícara de vagem cozida e picada, 2 xícaras de cenoura cozida e picada, 1 lata de ervilha, 4 ovos, 1 lata de creme de leite, 2 colheres (sopa) de maionese, 50g de queijo ralado, sal

1 – Misture a cenoura, a batata, a vagem, a ervilha e a cebola. Tempere com sal. Reserve.

2 – Bata no liquidificador os ovos, o creme de leite, a maionese e o queijo ralado.

3 – Misture os vegetais com o creme batido no liquidificador. Arrume em um refratário ou forma e leve ao forno médio, preaquecido, por 20 minutos. Sirva quente ou fria como acompanhamento ao peru embriagado.

Salpicão de presunto

400g de presunto, ½ kg de batatas, 200g de cenoura, 200g de vagem, 1 vidro de pepino, 1 vidro de azeitonas, 2 copos de iogurte natural, 300g de maionese, salsa picada para enfeitar

1 – As batatas, as cenouras e as vagens já devem estar previamente cozidas. Corte as batatas, as cenouras, as vagens, o presunto e os pepinos em tiras e coloque-os em um refratário ou prato fundo. Misture as azeitonas, o iogurte e a maionese. Mexa bem até que todos os ingredientes estejam envoltos em uma leve camada de iogurte e de maionese. Espalhe a salsa por cima para dar um toque final. Leve para a geladeira e sirva com a galinha de festa.

As duas receitas ficam ótimas para serem servidas juntas em uma festa ou separadamente.

Fritada fina

8 ovos, 200g de queijo gorgonzola, 400 de queijo ralado grosso, ½ molho de salsa verde, 30g de cogumelos shitake, 180g de champignons, 1 cebola grande, 1 colher (sopa) de manteiga, azeite

1 – Comece batendo os ovos e colocando os cogumelos shitake de molho em água.

2 – Em uma frigideira ampla, frite a cebola com a manteiga. Coloque também um pouco de azeite para não deixar queimar a manteiga.

3 – Quando a cebola estiver macia, acrescente os cogumelos shitake, sem a água.

4 – Junte também os champignons cortados em fatias e o queijo gorgonzola em pedaços. Misture.

5 – Adicione metade do queijo ralado grosso e da salsinha. Acrescente os ovos batidos, distribuindo por todos os cantos. Balance a frigideira para deixar uniforme.

6 – Tampe a frigideira e deixe cozinhar por 20 minutos.

7 – Quando a fritada estiver quase pronta, coloque o restante do queijo e da salsa. Tampe novamente e deixe por mais 10 minutos. Sirva em seguida.

Omelete de forno

8 ovos, 400g de linguiça, 2 tomates, 1 lata de ervilha, 1 lata de milho, 400g de queijo, 2 colheres (sopa) de farinha de trigo, 1 cebola, azeite, manteiga para untar a forma

1 – Corte a linguiça e a cebola em pedaços pequenos. Coloque tudo na frigideira com um pouco de azeite. Misture e deixe refogar até cozinhar a linguiça. Desligue o fogo. Arrume o refogado em um refratário ou forma previamente untada.

2 – Acrescente os tomates bem picados, a ervilha, o milho e o queijo picado. Misture.

3 – Bata os ovos e depois adicione a farinha. Misture bem até que a farinha desapareça. Coloque por cima dos ingredientes no refratário e mexa com cuidado. É preciso deixar a mistura bem uniforme.

4 – Leve ao forno preaquecido por, em média, 40 minutos. Faça o teste do palitinho para ter certeza de que a omelete está pronta. Coloque um palito no centro da omelete. Se ele sair limpo, pode desligar o forno.

Sirva em seguida, quente ou então fria. Fica uma delícia!

Milagre de forno

12 fatias de pão de sanduíche, 3 colheres (sopa) de mostarda, fatias de queijo, fatias de mortadela, 12 ovos, 2 xícaras de leite, 50g de queijo ralado, margarina para untar, sal

1 – Unte um refratário com margarina e coloque seis fatias de pão de sanduíche. Passe mostarda em cada uma das fatias e arrume pedaços de queijo e de mortadela. Por cima, coloque as outras fatias de pão.

2 – Bata no liquidificador os ovos e o leite, com um toque de sal. Cubra os pães com a mistura e leve à geladeira por, no mínimo, 3 horas. O ideal é ficar de um dia para o outro.

3 – Retire o refratário da geladeira, espalhe o queijo ralado e leve ao forno médio por 30 minutos ou até dourar o queijo. Está pronto! Sirva com salada verde.

Supernhoque

Para o nhoque: *1 kg de batatas, 2 colheres (sopa) de manteiga, 2 colheres (sopa) de requeijão, 2 colheres (sopa) de farinha de trigo, 2 colheres (sopa) de queijo ralado, 2 ovos, manteiga para untar, sal*

Para o molho: *200g de linguiça, 200g de carne moída, 1 cebola, 2 tomates, 3 colheres (sopa) de massa de tomate, 1 copo de caldo de carne*

1 – Comece pelo nhoque. Coloque as batatas, já descascadas, para cozinhar em água com um pouco de sal por cerca de 40 minutos. Retire do fogo e escorra a água. Esmague as batatas e misture a manteiga, o requeijão, a farinha, o queijo ralado e os ovos até ficar uma massa uniforme. Arrume a massa de batatas em um refratário, previamente untado, e leve ao forno preaquecido por 50 minutos.

2 – Enquanto isso, prepare o molho. Em uma panela, frite a linguiça já picada e a carne. Quando os ingredientes já estiverem dourados, entre com a cebola e os tomates previamente cortados, a massa de tomate e o caldo de carne. Deixe o molho cozinhar com a panela tampada, para que ele não seque.

3 – Tire a massa do nhoque do forno e coloque o molho quente por cima. Um toque de queijo ralado e pronto: uma refeição fácil e completa! Fica ótima acompanhada de salada verde!

CANELONE INVERTIDO

2 colheres (sopa) de farinha de trigo, 50g de manteiga, 1 l de leite, 200g de queijo em pedaços, 250g de massa tipo cabelo de anjo, fatias de presunto, fatias de queijo, 50g de queijo ralado, 1 colher (sopa) de sal

1 – Comece preparando o molho de queijo. Bata no liquidificador a farinha de trigo, a manteiga, o leite e o queijo em pedaços. Leve a mistura para uma panela e, mexendo sempre em fogo baixo, espere engrossar. Reserve.

2 – Cozinhe a massa em uma panela com água fervente e uma colher de sal. Observe o tempo indicado na embalagem da massa. Escorra a massa e reserve.

3 – Com o molho pronto e a massa cozida, vamos montar os canelones. Pegue uma fatia de presunto. Cubra com uma fatia de queijo e coloque um pouco da massa em cima de tudo. Enrole e arrume no refratário. Faça quantos canelones desejar, sempre com o presunto, o queijo e massa em cima.

4 – Cubra os canelones com o molho de queijo, finalize com o queijo ralado e leve ao forno preaquecido por, em média, 30 minutos ou até dourar o queijo. Sirva em seguida.

Ravióli com tomates frescos

500g de ravióli, 8 tomates pequenos, 300g de queijo, 3 dentes de alho, folhas de manjericão, azeite de oliva, sal

1 – Comece colocando o ravióli para cozinhar em uma panela com água fervente e sal. Deixe a massa *al dente*, ainda bem firme, pois ela voltará para o fogo.

2 – Em uma panela com tampa (de preferência uma que possa ir à mesa), frite o alho em um pouco de azeite. Coloque os tomates, previamente lavados e cortados em pedaços grandes. Tampe a panela e deixe os tomates amolecerem.

3 – Misture o ravióli cozido aos tomates desmanchados e regue com mais azeite de oliva. Deixe fritar levemente a massa.

4 – Acrescente também as folhas de manjericão e metade do queijo. Misture com cuidado. Cubra tudo com o restante do queijo. Tampe e deixe o queijo derreter.

5 – Tire a panela do fogo e leve à mesa. Fica ótimo! Um prato leve, prático e delicioso para o verão.

Lasanha à bolonhesa

500g de linguiça, 500g de carne moída (bovina), 1 cebola, 2 tomates, 3 colheres (sopa) de massa de tomate, 1 copo de caldo de carne, 1 copo de vinho tinto, 250g de massa para lasanha (do tipo seco), 400g de queijo em fatias, 3 colheres (sopa) de azeite de oliva

1 – Comece desmanchando a linguiça. Retire a pele e ela já estará desmanchada. Depois, é só picar bem.

2 – Numa panela, coloque o azeite de oliva e, em seguida, a linguiça picada. Deixe dourar bem por uns 10 minutos, mais ou menos.

3 – Entre com a carne moída ou guisado. Misture e espere dourar a carne também.

4 – Agora entra a cebola, bem picada. Misture. Deixe uns poucos minutos e entre com os tomates, também picados.

5 – Misture. Acrescente a massa de tomate. Mexa.

6 – Em seguida, os líquidos – o vinho e o caldo. Misture tudo e deixe cozinhar por 20 minutos.

7 – Chega a hora de montar a lasanha. Use a massa seca que pode ir diretamente ao forno. Faça uma camada do molho no fundo de um refratário retangular. Por cima, entra a massa da lasanha. Arrume pedaços da massa. Depois da massa, mais molho. Por cima do molho, uma camada de queijo em fatias. Repita as camadas, sempre colocando massa entre camadas de molho. É assim que ela vai cozinhar. Finalize com queijo, muito queijo. Camada dupla.

8 – Leve ao forno médio preaquecido por, em média, 40 minutos. A massa vai cozinhar e o queijo derreter. Antes

de servir, espere 10 minutos para que a lasanha seque levemente. Pode acompanhar uma salada verde e arroz branco.

Lasanha de pão árabe

200g de linguiça, 700g de carne de galinha, 1 cebola, 2 tomates, 3 colheres (sopa) de massa de tomate, 1 copo de caldo de galinha, 1 l de leite, 1 colher (sopa) de farinha de trigo, 1 colher (sopa) de manteiga, fatias de pão árabe, queijo ralado grosso ou em fatias, azeite

1 – Comece preparando um refogado de frango com linguiça. Esquente uma frigideira e, com um pouco de azeite, refogue a linguiça e a carne de galinha bem picadas. Deixe dourar rapidamente.

2 – Acrescente a cebola e os tomates picados, a massa de tomate e o caldo de galinha. Misture e deixe cozinhar por uns 15 minutos ou mais – o tempo de deixar o molho vermelho.

3 – Enquanto isso, prepare o molho branco. Bata no liquidificador o leite, a farinha de trigo e a manteiga. Leve a mistura para uma panela e, mexendo sempre, espere engrossar.

4 – Para montar a lasanha, coloque um pouco do refogado de frango no fundo de um refratário. Arrume uma camada de fatias de pão árabe. Por cima entra um pouco

do molho branco e do queijo. Mais pão. Acrescente o restante do refogado de frango, outra camada de pão árabe e, para finalizar, o molho branco restante e queijo para cobrir tudo.

5 – Leve ao forno preaquecido por, em média, 10 minutos – o tempo de dourar o queijo. Sirva em seguida.

Fettuccine Alfredo

500g de fettuccine, 350g de creme de leite fresco, 150g de queijo ralado, 100g de manteiga, azeite, sal, pimenta

1 – Cozinhe a massa em uma panela com bastante água fervente, um fio de azeite e uma colherinha de sal. Observe o tempo indicado na embalagem.

2 – Enquanto isso, prepare o molho. Em uma panela, coloque a manteiga, o creme de leite fresco e metade do queijo ralado. Mexendo sempre, espere derreter a manteiga e desmanchar o queijo. Tempere com sal e um toque de pimenta moída na hora.

3 – Arrume a massa cozida em um refratário ou prato previamente escaldado com água bem quente.

4 – Coloque o molho por cima e misture rapidamente. Acrescente o restante do queijo ralado. Mexa e sirva o fettuccine Alfredo em seguida.

Espaguete ao pesto

1 xícara de nozes, 1 xícara de manjericão, 1 xícara de salsa verde, 4 dentes de alho, 1 xícara de queijo ralado, 2 xícaras de azeite de oliva, 1 colher (chá) de orégano, 500g de espaguete, 1 colher (sopa) de sal grosso

1 – Comece pelo pesto. Corte o manjericão em pedaços e pique bem a salsa.

2 – Bata no liquidificador o azeite de oliva, as nozes, o manjericão e a salsa picados, os dentes de alho inteiros mas sem a casca, o queijo ralado e o orégano. Deixe bater por uns minutos até formar uma pasta. Reserve.

3 – Agora é preciso cozinhar a massa. Coloque bastante água em uma panela grande para ferver. Quando abrir fervura, acrescente o sal grosso. Misture. Quando abrir fervura novamente, entra o espaguete. Misture com cuidado e deixe cozinhar pelo tempo indicado na embalagem.

4 – Escorra a massa, arrume-a imediatamente em um prato fundo e cubra com o molho pesto. Misture com cuidado e sirva na hora com mais queijo ralado.

Macarronada florida

1 xícara de carne bovina (filé mignon, alcatra...) cortada em tiras, 1 xícara de milho em conserva, 1 xícara de pimentão cortado em tiras, 1 xícara de cenoura cozida cortada em tiras, 1 xícara de brócolis, 1 xícara de couve-flor, 1 colher (sopa) de maisena, 1 xícara de molho de soja, 1 xícara de caldo de carne, 500g de massa (espaguete, fusili...), sal

1 – Comece pela carne. Esquente bem uma frigideira e coloque nela os pedaços de carne. Polvilhe a maisena e misture. Acrescente metade do caldo de carne. Mexa rapidamente. Agora entra metade do molho de soja. Misture. Espere uns minutinhos até a carne cozinhar levemente. Retire-a da frigideira.

2 – Agora entram os vegetais. Primeiro, o milho e o pimentão. Depois, a cenoura, os brócolis e a couve-flor. Mexa, acrescente o restante do caldo e do molho de soja e espere cozinhar os vegetais que estavam crus, mas não muito tempo. Eles precisam ficar *al dente*.

3 – Enquanto isso, cozinhe a massa em água fervente com um pouco de sal.

4 – Quando a massa estiver cozida, escorra e coloque dentro da frigideira com a carne e os vegetais. Misture tudo até que a massa pegue bem o molho e sirva em seguida.

Macarronada de verão

500g de massa (pode ser espaguete, fetuccine...), 1 ½ kg de carnes variadas (coração de galinha, carne bovina, carne suína, linguiça, carne de galinha... o que tiver na geladeira), 1 kg de tomates maduros, 1 colher (sopa) de açúcar, 3 colheres (sopa) de massa de tomate, 2 copos de caldo de carne, sal

1 – Comece preparando um molho de tomate. Você também pode usar molho pronto, mas vamos fazer o molho de tomate do Anonymus. Bata no liquidificador os tomates com a massa de tomate, o açúcar e ½ l de água.

2 – Leve a mistura para uma panela e, em fogo baixo, deixe cozinhar até ficar um molho bem vermelho. Leva entre 30 minutos e uma hora.

3 – Enquanto isso, frite as carnes picadas em cubos pequenos – 300g de cada, mais ou menos. Comece pelo coração e pela linguiça. Depois, a carne suína e bovina. Por fim, a carne de galinha. Deixe dourar.

4 – Com as carnes douradas e o molho de tomate bem vermelho, é hora de juntar tudo. Coloque o molho de tomate na panela com as carnes. Misture também o caldo de carne. Deixe abrir fervura.

5 – Quando o molho estiver fervendo, acrescente a massa. Cuide para não secar muito. Se preciso, acrescente mais água para cozinhar a massa. Acerte também o sal. Deixe cozinhar até a massa ficar *al dente*. Sirva em seguida com queijo ralado.

Lasanha enrolada

½ kg de massa fresca para lasanha, 300g de ricota, 2 molhos de espinafre, 6 colheres (sopa) azeite de oliva ou óleo, 2 colheres (sopa) de farinha de trigo, 1 l de leite, 100g de manteiga, 200g de queijo ralado grosso, 200g de queijo fatiado, sal

1 – Pique um dos molhos de espinafre, esmague a ricota e misture os dois ingredientes com azeite de oliva ou óleo até formar uma pasta. Tempere com sal. Arrume a mistura em cima de uma folha de massa de lasanha e enrole como um rocambole. Enrole cada uma das folhas de massa de lasanha recheada com essa mistura de ricota e espinafre. Arrume os rolinhos em um refratário que possa ir ao forno. Reserve.

2 – Para o molho, bata no liquidificador o leite, a farinha de trigo, a manteiga, o outro molho de espinafre (somente as folhas), e o queijo ralado grosso. Leve ao fogo e, mexendo sempre, deixe o molho engrossar.

3 – Despeje o molho por cima dos rolinhos de lasanha recheados e espalhe o queijo fatiado por cima de tudo. Leve ao forno preaquecido durante o tempo necessário para o cozimento da massa (20 minutos, em média). Está pronto! Uma maneira diferente de oferecer uma refeição leve. Agrada canívoros e vegetarianos!

Ravióli escondido

500g de ravióli, 350g de massa folhada pronta, 1 kg de carne moída, 1 cebola, 1 tomate, 3 colheres (sopa) de massa de tomate, 2 copos de caldo de carne, 1 copo de vinho tinto, 1 copo de suco de laranja, 1 colher (sopa) de açúcar, 1 gema, azeite

1 – Escolha uma frigideira ampla que possa ir ao forno. Frite a carne moída com um pouco de azeite. Acrescente a cebola, o tomate e a massa de tomate.

2 – Adicione o caldo de carne, o vinho, o suco de laranja e o açúcar. Quando o molho começar a ferver, coloque o ravióli. Deixe cozinhar. Cuide para que o ravióli fique *al dente*, pois ele ainda irá ao forno.

3 – Estique a massa folhada por cima da frigideira. Se preferir, passe todo o conteúdo para uma forma ou refratário e cubra com a massa folhada.

4 – Pincele a massa com a gema e leve ao forno preaquecido por 10 minutos. Do forno, o ravióli escondido vai direto para a mesa.

Macarrão picante

50g de bacon, 300g de linguiça, 500g de massa, 1 cebola, 1 pimenta vermelha, 2 tomates, 1 colher (sopa) de farinha de trigo, 3 colheres (sopa) de massa de tomate, 1 copo de caldo de carne, 1 copo de vinho tinto, azeite, 1 colher (sopa) de sal grosso

1 – Em uma frigideira ampla, frite o bacon em um pouco de azeite. Acrescente a linguiça picada.

2 – Com a linguiça e o bacon fritos, adicione a cebola e a pimenta bem picadas. Deixe fritar.

3 – Enquanto isso, bata no liquidificador a massa de tomate, os tomates, o caldo de carne, a farinha e o vinho. Quando todos os ingredientes estiverem bem misturados, coloque o molho na frigideira com a linguiça e o bacon. Deixe cozinhar até que engrosse. A ideia é obter um molho bem vermelho e encorpado.

4 – Em uma panela com água fervente, adicione uma colher de sal grosso. Coloque a massa para cozinhar. É necessário observar o tempo indicado na embalagem. Escorra a massa e sirva com o molho e queijo ralado. Uma verdadeira delícia!

Macarrão de china pobre

400g de linguiça, 500g de massa, 1 cebola, 1 tomate, 2 copos de caldo de carne, 1 copo de suco de laranja, 1 colher (sopa) de açúcar, 3 colheres (sopa) de massa de tomate

1 – Em uma panela ampla, frite a linguiça previamente picada. Acrescente o tomate e a cebola também picados. Adicione a massa de tomate e o açúcar. Misture bem.

2 – Adicione o caldo de carne e o suco de laranja. A massa será cozida no molho. Por isso, se for preciso, acrescente um pouco de água quente.

3 – Quando o molho começar a ferver, coloque a massa. Deixe cozinhar o tempo indicado na embalagem. Sirva em seguida.

Arroz quatro latas

1 lata de ervilha, 1 lata de milho, 1 lata de palmito, 1 lata de creme de leite, 3 xícaras de arroz, óleo, sal

1 – Refogue o arroz em um pouco de óleo. Junte as ervilhas, o milho e os palmitos picados. Misture. Guarde as águas das latas e use-as para cozinhar o arroz. Complete com água. São, ao todo, 6 xícaras de líquidos. Tempere com sal e tampe a panela. Deixe cozinhar por 15 minutos ou até o arroz ficar macio. Desligue o fogo. Junte o creme de leite, misture e deixe a panela tampada por 10 minutos antes de servir.

Arroz de festa

½ xícara de passas brancas, ½ xícara de ameixas pretas picadas, 1 maçã verde picada, 1 colher (sopa) de manteiga, 1 cenoura ralada, ¼ de xícara de azeitonas picadas, 2 tomates picados, 1 xícara de cebola picada, 1 xícara de presunto cortado em cubinhos, 2 colheres (sopa) de salsa picada, 200g de queijo ralado grosso, 4 xícaras de arroz cru, sal, azeite, manteiga para untar e farinha para enfarinhar a forma

1 – Cozinhe o arroz apenas com água e sal ou aproveite sobras de arroz. A ideia é preparar um arroz de forno. Vamos lá. Reserve.

2 – Em uma frigideira, coloque a manteiga e refogue as passas, as ameixas e a maçã por cerca de 5 minutos, o tempo de fritar tudo levemente. Reserve.

3 – Agora refogue, em outra panela com um pouco de azeite, a cebola, o presunto, os tomates, as azeitonas e a cenoura ralada por alguns minutos até fritar levemente todos os ingredientes. Quando desligar o fogo, adicione a salsa picada e misture. Reserve.

4 – Chega a hora de montar o arroz de festa. Em um refratário ou forma untada e enfarinhada (pode ser com farinha de trigo ou de rosca), faça uma camada de arroz cozido. Por cima, entra o primeiro refogado, o de passas e ameixas. Mais uma camada de arroz. Por cima, o segundo refogado, o de presunto. Mais arroz. Para finalizar, espalhe o queijo ralado grosso.

5 – Leve ao forno preaquecido por, em média, 15 minutos, o tempo de gratinar o queijo. Sirva como prato principal ou como um belo acompanhamento de festa.

Arroz cremoso de forno

50g de bacon, 200g de linguiça, 500g de carne de galinha, 1 cebola, 1 tomate, 300g de ervilha, 2 copos de requeijão, 180g de queijo mussarela, 6 xícaras de arroz cozido, azeite

1 – Em uma frigideira com um pouco de azeite, frite o bacon, a linguiça e a carne de galinha. Acrescente a cebola e o tomate e deixe refogar.

2 – Com refogado pronto, adicione as ervilhas e o requeijão. Misture bem.

3 – Misture o refogado com o arroz. Arrume em um refratário que possa ir ao forno e coloque o queijo por cima.

4 – Leve ao forno preaquecido para gratinar o queijo e aquecer o arroz, o que deve levar de 15 a 20 minutos. Sirva em seguida.

Arroz verde reforçado

Para o arroz: 2 folhas de couve, 2 xícaras de espinafre, folhas de radicci, 1 xícara de caldo de carne, ½ xícara de azeite, 1 xícara de leite, ½ cebola, 1 ovo, 4 xícaras de arroz cozido

Para o refogado: 1 kg de carne bovina, 1 cebola, 1 tomate, 1 xícara de caldo de carne, 1 colher (sopa) de farinha de trigo, azeite

1 – Para o arroz verde, podem ser usadas folhas de diversos vegetais. Escolha aqueles de que mais gostar ou que tiver em casa. Aqui, utilizamos espinafre, radicci e couve. Lave bem os vegetais, retire o talo da couve e bata-os no liquidificador juntamente com o caldo de carne, o azeite, o leite, a cebola e o ovo. Vá colocando o arroz aos poucos. Se precisar, bata em duas etapas.

2 – Coloque a mistura em uma forma previamente untada e leve ao forno por, aproximadamente, 40 minutos.

3 – Enquanto isso, prepare o refogado. Em uma panela, frite a carne em um pouco de azeite. Com a carne dourada, coloque a cebola e o tomate picados. Acrescente o caldo de carne e a farinha de trigo. Deixe cozinhar até que fique um molho grosso.

4 – Tire o arroz do forno e desenforme. Coloque o refogado por cima e sirva. Uma refeição completa!

Arroz verde

3 xícaras de arroz, 1 molho de couve, 50g de bacon, sal, 6 xícaras de água

1 – Em uma panela, doure o bacon bem picado. Acrescente a couve sem o talo e cortada em finas tirinhas. Quando a couve murchar, acrescente o arroz, dê uma leve fritada e entre com a água. Acerte o sal e misture bem.

2 – Tampe a panela. Baixe o fogo e espere cozinhar por uns 15 minutos, o tempo de o arroz ficar macio. Desligue o fogo e deixe a panela tampada por mais 5 minutos.

Arroz piemontês

1 colher (sopa) de manteiga, 3 xícaras de arroz, 6 xícaras de água ou caldo de peixe, 100g de queijo ralado, 350g de creme de leite fresco (nata), 350g de champignon, 3 colheres (sopa) de azeite

1 – Em uma panela, coloque a manteiga e, para não deixar queimar, o azeite. Acrescente o arroz e frite bem. Junte a água ou o caldo de peixe. Para fazer o caldo, ferva aparas de peixe em uma panela com água e um toque de sal por 20 minutos e está pronto o caldo de peixe.

2 – Misture tudo e espere abrir fervura. Baixe o fogo, tampe a panela e deixe cozinhar por 15 ou 20 minutos, até o arroz ficar macio.

3 – Quando o arroz estiver cozido, desligue o fogo. Acrescente o queijo ralado, o creme de leite fresco e os champignons. Misture tudo e sirva em seguida acompanhado de peixe acebolado.

Risoto de uva

20g de manteiga, ½ cebola, 150g de arroz arbório, ½ copo de vinho branco seco, 100g de champignon laminado, 500ml de caldo claro feito com galinha e temperado a gosto, 100g de nata, 20 grãos de uva rosé sem caroço cortados ao meio, azeite

1 – Refogue em um pouco de azeite os champignons e reserve-os. Refogue a cebola e adicione o arroz, que deve ser fritado. Adicione o vinho e deixe secar.

2 – Mexendo sempre, vá colocando o caldo quente. Quando o arroz estiver quase *al dente*, adicione os champignons e a nata. Continue mexendo até ficar pronto. Finalize com a manteiga, a salsa e as uvas.

Requeijão cremoso

½ l de leite, 4 colheres (sopa) maisena, 100g de manteiga ou margarina sem sal, ½ colher (sopa) de sal, 1 lata de creme de leite sem soro ou nata

1 – Dissolva a maisena em um pouco de leite. Coloque em uma panela junto com o restante do leite e a manteiga. Leve ao fogo e deixe ferver até engrossar. Deixe esfriar.

2 – Quando a mistura estiver fria, coloque-a no liquidificador com o creme de leite e o sal. Bata bem até adquirir consistência. Se precisar, liquidifique em duas etapas. Sirva em seguida ou guarde na geladeira. O requeijão pode acompanhar torradinhas com um pouco de salsa ou qualquer outro tempero e pode também fazer parte de receitas que levam o ingrediente.

Sobremesas, pães e bolos e outras delícias

Chico Balançado (ou Chico Balanceado)

Para a primeira camada: 4 xícaras de açúcar, 2 bananas cortadas em fatias longitudinais bem finas

Para a segunda camada: 1 l de leite, 4 colheres (sopa) de açúcar, 6 gemas, 2 colheres (sopa) de farinha de trigo, 1 colher (sopa) de manteiga, água

Para a terceira camada: 6 claras, 12 colheres (sopa) de açúcar

1 – A primeira camada é uma calda com bananas. Coloque as 4 xícaras de açúcar em uma panela e leve ao fogo. Deixe derreter. Cuidado para não queimar o açúcar, e não é preciso mexer com colher. Somente balance a panela para misturar o açúcar. Quando estiver com cor de caramelo e totalmente desmanchado, desligue o fogo.

2 – Em seguida, rapidamente, enquanto estiver ainda bem quente, espalhe o caramelo no fundo de um refratário. Cubra bem, inclusive as laterais. Atenção: o caramelo não pode esfriar na panela.

3 – Também em seguida, forre o fundo do refratário (já caramelado) com as fatias de banana.

4 – Vamos para a segunda camada. Prepare um creme de gemas. Misture o leite ainda frio com as gemas. Dissolva a farinha trigo em água e misture ao leite com as gemas.

5 – Leve essa mistura ao fogo numa panela antiaderente, mexendo sempre até engrossar levemente. Atenção: o creme deve sair do fogo tão logo engrosse, pois pode talhar por causa das gemas.

6 – Espalhe o creme no refratário caramelado, por cima das bananas fatiadas.

7 – A última camada é uma merengada. Na batedeira, bata as 6 claras em neve. Quando estiverem no ponto, acrescente as 12 colheres de açúcar, formando a merengada. Bata por mais alguns minutos.

8 – Espalhe a merengada no refratário, por cima do creme de gemas, fazendo uma cobertura, que pode e deve ser irregular.

9 – Leve ao forno médio preaquecido (entre 180º e 200º) por 15 minutos, para derreter o caramelo e dourar a superfície da merengada. Espere esfriar no forno, já desligado.

10 – Depois de frio, leve para a geladeira. O ideal é preparar em um dia e servir no outro para ficar bem gelado e firme.

Docinho de festa

400g de achocolatado em pó, 400g de leite em pó, 2 latas de leite condensado, manteiga, açúcar de confeiteiro

1 – Misture o achocolatado com o leite em pó.

2 – Aos poucos acrescente o leite condensado e vá misturando. É preciso colocar a "mão na massa".

3 – Misture bem até obter uma massa uniforme e lisa. Não é preciso colocar todo o leite condensado, somente o suficiente para dar o ponto na massa.

4 – Quando ela começa a desgrudar das mãos, está pronta para se fazerem as bolinhas. Tenha o cuidado de passar um pouco de manteiga nas mãos para não grudar. Vá enrolando e colocando-as no açúcar de confeiteiro. Estão prontos os docinhos.

AMEIXAS NEVADAS

Para a merengada: *6 claras, 12 colheres (sopa) de açúcar*

Para o creme de ovos: *6 gemas, 1 l de leite, 3 colheres (sopa) de maisena, 1 colher (sopa) de manteiga, 4 colheres (sopa) de açúcar*

Para as ameixas: *500g de ameixas pretas secas sem caroço, 2 xícaras de água, 4 colheres (sopa) de açúcar*

1 – Comece pelas ameixas. Deixe-as de molho na água por alguns minutos. Depois, coloque-as com a água em uma panela e misture as 4 colheres de açúcar. Leve ao fogo, mexendo sempre. Quando abrir fervura, espere mais alguns minutos e estará pronto. As ameixas devem ficar com um pouco de calda.

2 – Para fazer o creme de ovos, misture as gemas com a maisena e um pouco do leite. Passe tudo por uma peneira para dentro de uma panela. Acrescente o restante do leite, a manteiga e o açúcar. Mexendo sempre, deixe engrossar em fogo baixo. O creme ficará bem amarelo, quase um mingau.

3 – Agora a merengada. Bata as claras em neve. Quando estiverem bem firmes, acrescente as 12 colheres de açúcar, batendo sempre. São mais 5 minutos de batedeira até formar a merengada.

4 – Agora a montagem das ameixas nevadas. Distribua o creme de ovos no fundo de um refratário grande. Por cima, as ameixas com a calda. Espalhe com cuidado para que fiquem por todo o refratário. Depois misture levemente as ameixas com o creme. Para finalizar, entra a merengada. Espalhe-a bem. Leve ao forno preaquecido por, em média, 10 minutos, o tempo suficiente para dourar a merengada. Sirva quente ou espere amornar e leve para a geladeira. Uma delícia!

Bananada *au chocolat*

9 bananas grandes e maduras, ½ xícara de chocolate em pó, ½ kg de açúcar, ½ lata de leite condensado

1 – Descasque as bananas e esmague-as com a ajuda de um garfo. Quando estiverem bem desmanchadas, acrescente o chocolate em pó.

2 – Numa panela fora do fogo, coloque o açúcar e então leve-a ao fogo baixo. Deixe derreter bem o açúcar até formar um caramelo.

3 – Misture as bananas com chocolate no caramelo e, mexendo sempre, espere desmanchar os grumos de caramelo. Desligue o fogo e deixe esfriar.

4 – Quando a bananada estiver fria, entra o leite condensado. Misture e leve para a geladeira. Sirva gelado como sobremesa ou como uma geleia poderosa!

Torta de ricota com passas

200g de manteiga, 200g de ricota, 200g de bolacha maisena, 2 ovos, 1 lata de leite condensado, 1 xícara de passas de uva, 2 colheres (chá) de essência de baunilha

1 – Comece pela massa. Bata no liquidificador as bolachas aos poucos. A ideia é formar uma farofa de bolachas. Com as bolachas trituradas, misture a manteiga já derretida no micro-ondas ou em uma panela. Sove bem a massa até que ela fique uniforme.

2 – Arrume a massa no fundo de uma forma com fundo removível. Depois espalhe pelas laterais. Não é preciso elevá-la muito. A torta ficará baixinha.

3 – Bata no liquidificador a ricota em pedaços, os ovos, o leite condensado e a essência de baunilha.

4 – Arrume a mistura dentro da massa. Espalhe as passas por cima. Leve ao forno preaquecido por, em média, 45 minutos, o tempo de deixar o recheio bem consistente e a massa levemente dourada. Sirva quente ou fria.

Torta Romeu e Julieta

Para a massa: 300g de bolachas Maria, 100g de manteiga sem sal, 1 ovo

Para o recheio: 1 xícara (chá) de leite integral, 3 colheres (sopa) de manteiga, 300g de ricota, 1 lata de leite condensado, 3 ovos inteiros

Para a cobertura: 200g de goiabada, 1 xícara de água

1 – Comece pela massa. Ponha metade das bolachas no liquidificador e triture-as. Repita com a outra metade. Enquanto isso, derreta a manteiga.

2 – Misture as bolachas moídas com a manteiga derretida e o ovo para formar uma farofa. Modele a farofa no fundo de uma forma de fundo removível untada e enfarinhada, apertando no fundo e nas laterais. Cubra bem, deixando a forma forrada com a massa da torta.

3 – Agora, vamos ao recheio. Derreta a manteiga com o leite. No liquidificador, bata a ricota, o leite quente com manteiga, o leite condensado e os ovos. Bata por ao menos 3 minutos para que a mistura fique bem cremosa.

4 – Despeje essa mistura sobre a massa da torta. Leve ao forno preaquecido a temperatura baixa (150°C) para assar lentamente por cerca de 50 minutos.

5 – Enquanto a torta assa, prepare a cobertura. Derreta a goiabada picada com a água até formar um creme mais líquido. Deixe esfriar.

6 – Quando a torta estiver pronta, retire-a do forno e deixe esfriar. Cubra com a cobertura de goiabada já fria e sirva.

Torta de maçã invertida

3 maçãs (preferencialmente do tipo Fuji), 1 xícara + 3 colheres (sopa) de leite, 1 ½ xícara de açúcar, 1 colher (sopa) de canela em pó, 3 ovos, 2 colheres (sopa) de manteiga, 12 colheres rasas (sopa) de farinha de trigo, 1 colher (sopa) de fermento químico, manteiga para untar, açúcar cristal para açucarar o refratário

1 – Descasque as maçãs e corte-as em lascas finas. Arrume-as no fundo de uma forma ou refratário previamente untado com manteiga e com um pouco de açúcar. Cubra as maçãs com a xícara de leite.

2 – Misture ½ xícara de açúcar com a canela em pó. Coloque por cima das maçãs, distribuindo bem.

3 – Agora peneire a farinha de trigo, o açúcar restante e o fermento. Arrume a mistura por cima das maçãs.

4 – Derreta 2 colheres de manteiga e misture-a aos ovos e às 3 colheres de leite. Cubra a torta com essa mistura. Espalhe bem.

5 – Leve ao forno preaquecido por, em média, 30 minutos. Forno médio (180 – 200ºC). Espere esfriar um pouco e desenforme se quiser, pois ela pode ficar no prato ou forma onde foi assada. Sirva quente com uma boa colher de nata ou de sorvete de creme.

Tortinha rápida de maçã

5 maçãs, ½ limão, 1 colher (sopa) de canela em pó, 3 colheres (sopa) de açúcar mascavo, 100g de manteiga, 3 ovos, 1 xícara de açúcar, 1 ½ xícara de farinha de trigo, 1 colher (sopa) de fermento químico, 1 xícara grande de açúcar para caramelar a forma

1 – Coloque o açúcar da xícara grande dentro de uma forma média e leve ao fogo baixo até derreter. Quando formar um caramelo, desligue o fogo e faça escorrer pelas laterais da forma para que toda ela fique caramelada. Reserve.

2 – Derreta a manteiga em uma panelinha no fogo, rapidamente. Reserve.

3 – Descasque as maçãs e corte em lascas grossas. Arrume as lascas em um prato e adicione gotas de limão por cima. Em seguida entram o açúcar mascavo e a canela em pó. Misture tudo.

4 – Agora arrume as maçãs na forma caramelada de forma que cubram completamente o fundo da forma. Reserve.

5 – Misture os ovos, o açúcar, a farinha de trigo, o fermento e a manteiga derretida. Quando a massa estiver bem homogênea, cubra as maçãs na forma.

6 – Leve ao forno preaquecido por, em média, 30 minutos.

7 – Retire quando a massa estiver assada e dourada. Desenforme ainda quente e sirva com nata ou com sorvete de creme.

DOCE XINXO

1 dúzia de ovos, 6 xícaras de açúcar, 2 xícaras de água

1 – Separe 4 gemas e 4 claras. Deixe os ovos restantes inteiros.

2 – Prepare uma calda com 3 xícaras de açúcar e 2 xícaras de água. Deixe abrir fervura até formar uma calda fina.

3 – Enquanto isso, bata os 8 ovos inteiros e as 4 gemas. Quando a calda estiver pronta e fervendo, largue nela os ovos batidos. Misture com cuidado e deixe cozinhar até formar grumos amarelos.

4 – Retire grande parte da calda da panela. Reserve.

5 – Os grumos amarelos com um pouco de calda devem ser dourados dos dois lados como um omelete doce.

6 – Arrume os grumos amarelos em um refratário e cubra com a calda reservada.

7 – Agora vamos preparar uma merengada. Misture as claras com as 3 xícaras de açúcar restantes. Leve ao fogo somente até amornar. Bata na batedeira até deixar as claras firmes, em neve. Arrume-as em cima dos grumos de ovos e leve para a geladeira. Sirva gelado.

Doce de goiabada

800g de goiabada, 1 lata ou 2 caixinhas de creme de leite com soro

1 – Corte 400g da goiabada. Em uma panela, coloque os pedaços de goiabada e leve ao fogo para derretê-la.

2 – Coloque o creme de leite no liquidificador. Misture a goiabada levemente derretida e bata bem até formar uma mistura homogênea.

3 – Despeje todo o doce em um refratário ou em potinhos e leve à geladeira por, no mínimo, 2 horas.

4 – Para fazer a calda, derreta o restante da goiabada. Adicione ½ xícara de água para deixar a calda mais líquida. Está pronto! Sirva o doce gelado coberto pela calda quente. Fica uma delícia!

Palitos de chocolate

1 xícara de açúcar, 1 xícara de chocolate em pó, 5 colheres (sopa) de leite, 2 colheres (sopa) de óleo, 1 colher (sopa) de margarina, 200g de biscoitos tipo palito (plic-plac)

1 – Em uma panela, misture o açúcar, o chocolate em pó, o leite, o óleo e a margarina. Leve ao fogo mexendo sempre até que a mistura fique bem homogênea. Vai resultar num creme grosso.

2 – Acrescente ao creme o pacote de biscoitos, ainda com a panela em fogo baixo. O chocolate começa a endurecer. Misture até que todos os biscoitos fiquem cobertos com o chocolate.

3 – Arrume tudo em uma forma e separe os palitos com um garfo. Deixe esfriar e sirva.

Surpresa de queijo

300g de queijo minas, 300g de ricota, 1 limão, 1 colher (sopa) de farinha de trigo, 1 lata de leite condensado, 5 ovos, ½ kg de goiabada

1 – Bata no liquidificador a ricota, o queijo minas (ambos picados e com o soro), a farinha de trigo, o leite condensado, os ovos e o suco do limão. Para dar um toque a mais de limão, raspe a casca e coloque junto para bater. Deixe misturar bem.

2 – Corte a goiabada em finas fatias e arrume-as no fundo de um refratário. Por cima, entra a mistura do liquidificador.

3 – Leve ao forno preaquecido por, em média, 30 minutos ou até dourar levemente a parte superior. Sirva quente, morno ou frio.

Bombom gigante de morango

1 caixinha de morangos, 1 lata de leite condensado, 1 ½ xícara de leite, 1 colher (sopa) de manteiga, 1 colher (sopa) de maisena, 2 barras de chocolate meio amargo, 2 caixinhas de creme de leite

1 – Comece lavando bem os morangos. Reserve cinco deles. Retire os talos verdes dos restantes e corte-os em metades. Arrume essas metades de morangos no fundo de um refratário pequeno. Forre todo o fundo.

2 – Em uma panela, misture o leite condensado, o leite, a manteiga e a maisena. Leve ao fogo baixo até engrossar, mexendo sempre. Derrame o creme em cima dos morangos. Cubra bem.

3 – Derreta o chocolate em banho-maria (coloque uma panela com o chocolate dentro de outra panela maior com água e leve ao fogo). Quando derreter, adicione o creme de leite. Misture até ficar um creme de chocolate. Arrume esse creme por cima dos morangos e do creme branco. Espalhe bem.

4 – Enfeite com os 5 morangos reservados no início e leve para a geladeira por, no mínimo, 3 horas. O ideal é deixar na geladeira de um dia para o outro. Sirva bem gelado.

Merengada de morangos

3 caixinhas de morangos, 2 ½ barras de chocolate ao leite, 2 caixinhas de creme de leite, 150g de merengues

1 – Comece lavando os morangos. Retire os talos, corte-os em metades. Arrume todas as metades de morangos em um refratário ou prato fundo. Reserve alguns morangos para enfeitar o prato.

2 – Por cima dos morangos, espalhe os merengues triturados com a mão mesmo.

3 – Derreta o chocolate em banho-maria. Quando estiver derretido, adicione o creme de leite. Misture bem.

4 – Cubra os merengues com o creme de chocolate, espalhando-o por toda a superfície. Leve para a geladeira por, no mínimo, 3 horas. Na hora de servir, enfeite com os morangos reservados.

Compota diet de frutas

Para a compota de maçã: *6 maçãs (preferencialmente do tipo Fuji), 24g de gelatina diet sabor morango (2 envelopes), 3 copos de água, 3 cravos-da-índia*

Para a compota de abacaxi: *2 abacaxis maduros, 24g de gelatina diet sabor abacaxi (2 envelopes), 2 copos de água, 3 cravos-da-índia*

1 – Comece descascando as maçãs. Corte-as em metades e retire as sementes. Arrume-as no fundo de uma panela. Cubra tudo com a gelatina diet sabor morango. Por cima, ponha os 3 copos de água.

2 – Agora descasque os abacaxis e corte-os em pedaços pequenos. Arrume os pedaços em outra panela, cubra com a gelatina diet de abacaxi e com os 2 copos de água.

3 – Leve as duas panelas ao fogo alto até abrir fervura.

4 – Baixe o fogo. São 45 minutos de cozimento em fogo baixo.

5 – Antes de desligar o fogo, acrescente 3 cravos em cada panela.

6 – Arrume as compotas, uma em cada vidro ou refratário, e leve para a geladeira. O ideal é preparar e servir no outro dia para que as frutas fiquem bem geladas e consistentes.

Ambrosia de forno

1 l de leite, 4 xícaras de açúcar, 4 cravos, 12 ovos, suco de 1 limão, 1 colher (sopa) de margarina

1 – Comece abrindo os ovos, um por um, e colocando-os no copo do liquidificador. Adicione um pouco do leite e uma das xícaras de açúcar. Bata tudo.

2 – Em um recipiente, misture o suco do limão com o restante do leite. Mexa.

3 – Entre com as 3 xícaras restantes de açúcar e a mistura que foi batida no liquidificador. Mexa tudo.

4 – Unte um refratário grande com margarina e arrume a mistura ali dentro. Por cima, espalhe os cravos.

5 – Leve ao forno preaquecido, 200ºC por 1 hora. Sirva quente ou fria.

Manjar amarelo

1 lata de leite condensado, 1 lata de creme de leite, 200ml de leite de coco, 12g de gelatina em pó sem sabor, 5 colheres (sopa) de água, 1 lata de pêssegos em calda

1 – Dissolva a gelatina com água, aquecendo sem deixar ferver, apenas para que fique líquida e homogênea.

2 – Bata no liquidificador o creme de leite, o leite condensado, a gelatina dissolvida e o leite de coco.

3 – Despeje a mistura do liquidificador em uma forma de plástico pequena, mas antes deixe-a bem molhada. Leve à geladeira por 3 horas ou até que a misture fique sólida.

4 – Enquanto isso, faça a calda. Bata os pêssegos em calda no liquidificador. Coloque em um pote e leve para a geladeira para deixar a calda bem gelada.

5 – Desenforme o manjar e decore com a calda de pêssego. Sirva em seguida.

Compota de pêssegos

15 pêssegos amarelos, 4 xícaras de açúcar cristal, ½ l de água

1 – Descasque os pêssegos. Arrume-os em uma panela, de preferência uma de fundo grosso. Espalhe por cima 2 xícaras de açúcar cristal. Deixe descansar por, no mínimo, 4 horas. O ideal é deixar de um dia para o outro, cerca de 12 horas.

2 – Leve a panela para o fogo. Acrescente o restante do açúcar. Deixe abrir fervura.

3 – Acrescente a água. Espere abrir fervura novamente e baixe o fogo. Deixe cozinhar por, em média, 40 minutos, até os pêssegos ficarem macios.

4 – Espere esfriar e arrume-os em potes de vidro. Fica uma delícia para servir com creme de leite ou sorvete de creme!

Cassata de abacaxi

1 lata de abacaxi em calda, 1 lata de leite condensado, 1 l de leite, 2 colheres (sopa) de maisena, 1 colher (sopa) de manteiga, 6 ovos, 6 colheres (sopa) de açúcar, 1 lata de creme de leite, 280g de biscoito champagne, 1 limão

1 – Primeiro é preciso fazer um creme de gemas. Para isso, separe as gemas das claras dos ovos. Em um panela, coloque as gemas, o leite, o leite condensado, a maisena e a manteiga. Misture tudo até dissolver a maisena. Leve ao fogo baixo e, mexendo sempre, espere engrossar. Desligue o fogo. Misture os abacaxis previamente cortados em cubinhos. Reserve a calda.

2 – Na batedeira, bata as 6 claras em neve. Quando estiverem firmes, acrescente o açúcar. Bata por mais alguns minutos. Desligue a batedeira e adicione, com cuidado, o creme de leite. Misture bem.

3 – Para montar a cassata, arrume, de preferência, um recipiente fundo ou refratário grande. Primeiro entra uma camada do creme de gemas. Por cima, uma camada de bicoito champagne, que antes devem ser molhados na calda do abacaxi. Alterne as camadas até o final. Por cima de tudo, arrume a merengada e leve à geladeira por, no mínimo, 3 horas. O ideal é fazer de um dia para o outro para ficar bem gelado. Quando tirar da geladeira, raspe a casca do limão por cima para dar mais cor e sabor. Sirva bem gelada. É uma sobremesa ótima para festas, leve e saborosa!

Sorvete de morango
com calda de morango

Para o sorvete: *45g de gelatina (1 envelope ou caixinha) sabor morango, 1 copo de água quente, 3 claras, 3 colheres (sopa) de açúcar, 1 lata de leite condensado, 1 lata de creme de leite sem soro*

Para a calda: *2 caixinhas de morangos, 3 colheres (sopa) de vinho tinto, 1 xícara de açúcar*

1 – Para fazer o sorvete é preciso bater as claras em neve na batedeira.

2 – Depois, acrescente o açúcar e volte a bater até formar uma merengada bem firme.

3 – Desligue a batedeira e junte a gelatina previamente dissolvida na água quente, o creme de leite e o leite condensado. Bata novamente até que todos os ingredientes fiquem agregados. Desligue a batedeira.

4 – Se for preciso, mexa a mistura com um batedor ou com um garfo até que sumam os grumos. Arrume em um refratário e leve para o freezer por, no mínimo, 4 horas.

5 – Para preparar a calda, coloque os morangos, o vinho e o açúcar em uma panela e leve ao fogo alto. Quando abrir fervura, baixe o fogo. Deixe cozinhar até engrossar. Não é preciso mexer. Deixe esfriar. Sirva o sorvete com a calda de morangos. É uma ótima sobremesa para toda a família!

Merengada de chocolate

4 gemas, 4 claras, 8 colheres (sopa) de açúcar, 1 lata de leite condensado, 1 colher (sopa) de manteiga, 1 copo de leite, 3 colheres (sopa) de chocolate em pó, 1 barra de chocolate meio amargo ralado

1 – Comece preparando um creme de chocolate. Misture, em uma panela fora do fogo, as gemas, o leite condensado e o leite. Junte o chocolate em pó peneirado e leve para o fogo. Mexa sempre até engrossar, desligue o fogo e acrescente a manteiga. Misture bem e deixe esfriar.

2 – Agora é preciso fazer a merengada, batendo-se as claras na batedeira até ficarem em neve. Bata bem. Quando estiverem firmes, acrescente aos poucos o açúcar, sem desligar a batedeira. Ainda bata mais uns minutos para formar uma merengada consistente.

3 – Arrume a merengada em um refratário pequeno e leve ao forno preaquecido por 10 minutos, o tempo suficiente para dourar levemente as claras.

4 – Retire do forno e, com cuidado, arrume o creme de chocolate por cima da merengada assada. Espalhe chocolate ralado em cima e leve para a geladeira por 4 horas. O ideal é deixar de um dia para o outro. Fica sensacional. Um doce leve com muito chocolate!

Musse a jato de goiabada

400g de goiabada, 1 lata ou caixa de creme de leite, ½ xícara de água

1 – Bata no liquidificador a goiabada cortada em pedaços junto com a água e o creme de leite com soro.

2 – Arrume em um prato e, se preferir, leve à geladeira para a musse gelar.

Doce de leite

2 l de leite integral, ½ kg de açúcar cristal, 1 colher (sopa) de fermento químico

1 – Coloque o açúcar, o leite e o fermento peneirado em uma panela alta. Misture bem os ingredientes e leve ao fogo. Deixe ferver e, de vez em quando, mexa a mistura.

2 – Depois de 1h30, em média, o doce de leite começa a reduzir e ficar cremoso. Cuide para não grudar na panela. Para isso, é importante manter o fogo baixo. Quanto mais cozinhar, mais escuro vai ficar o doce de leite. Desligue o fogo e mexa bem. Está pronto! Depois que esfriar, coloque em vidros, sirva puro ou acompanhado de torradas. O doce de leite pode servir também como recheio de tortas.

Gatinha sirigaita

175g de bolachas Maria, 4 ovos, 1 lata de leite condensado, 8 colheres (sopa) de açúcar, 1 limão, ½ colher (sopa) de manteiga

1 – Coloque as bolachas em um saco plástico e, com a ajuda de um rolo de massa, quebre-as em pedaços pequenos.

2 – Separe as claras das gemas.

3 – Misture bem as bolachas quebradas com as gemas, o leite condensado e o suco do limão.

4 – Bata as claras em neve. Quando estiverem firmes, acrescente o açúcar e bata por mais alguns minutos para fazer uma merengada.

5 – Misture um pouco da merengada com a mistura de bolachas.

6 – Unte um refratário com a manteiga e arrume a mistura. Faça uma camada no fundo do refratário. Coloque as claras em neve por cima.

7 – Leve ao forno preaquecido por, em média, 10 minutos, o tempo suficiente para dourar as claras.

8 – Retire do forno e deixe esfriar. Leve para a geladeira. Sirva gelado.

Falso chocolate de Páscoa

1 copo de amendoim, 1 copo de açúcar, 1 copo de água, 1 colher (chá) de bicarbonato de sódio

1 – Em uma panela, coloque o amendoim, o açúcar e a água. Leve ao fogo e, mexendo sempre, deixe a calda engrossar.

2 – Quando a calda estiver grossa, entre com o bicarbonato de sódio, mexendo sempre. O bicarbonato deve fazer a mistura espumar e, em seguida, açucarar. Continue mexendo com a panela no fogo até que o açúcar derreta novamente, adquira cor de chocolate e comece a secar.

3 – Quando a calda começar a secar, tire a panela do fogo e continue mexendo até secar bem. Guarde em um vidro fechado ou dê de presente em saquinhos ou ovinhos enfeitados.

Musse de banana

Para o musse: *6 bananas, 1 lata de leite condensado, 1 lata de creme de leite sem soro, ½ xícara de água, 1 envelope de gelatina sem sabor*

Para a calda: *2 bananas, 1 pitada de canela, 1 colher (sopa) de conhaque, ½ xícara de açúcar mascavo, 2 colheres (sopa) de manteiga*

1 – Em uma panela pequena, dissolva a gelatina na água. Deixe descansar. Quando a gelatina absorver toda a água, leve a panela ao fogo para que fique bem dissolvida, mas tome cuidado para não ferver.

2 – Bata no liquidificador as bananas, o leite condensado, o creme de leite e a gelatina dissolvida. Com a mistura bem batida, coloque-a em um refratário ou em taças de sobremesa. Leve à geladeira por, no mínimo, 3 horas.

3 – Agora, vamos à calda. Derreta a manteiga em uma panela pequena em fogo baixo. Enquanto isso, corte as bananas em rodelas e coloque-as em outra panela pequena. Polvilhe a canela por cima e adicione o conhaque. Leve a panela ao fogo e deixe por alguns minutinhos, mas cuide para a banana não amaciar demais.

4 – Entre com o açúcar mascavo na panela com a manteiga derretida. Misture bem.

5 – Junte o conteúdo das duas panelas. Com fogo ainda ligado, misture bem até a calda engrossar. Desligue o fogo e deixe esfriar. Sirva o musse com a calda por cima. Fica uma delícia!

Pão de ló embriagado

6 ovos, 2 xícaras de açúcar, 2 xícaras de farinha de trigo, 1 xícara de leite quente, 1 colher (sopa) de fermento químico, 100g de coco ralado, 1 lata de leite condensado, 200ml de leite de coco

1 – Primeiro, quebre os ovos e separe as gemas das claras. Na batedeira, bata as claras em neve. Quando estiverem firmes, acrescente as gemas e bata até misturar bem.

2 – Com a batedeira ligada, acrescente a farinha, o açúcar e o leite. Por último, entra o fermento. Bata por mais alguns instantes, até que todos os ingredientes fiquem bem misturados.

3 – Despeje a massa em uma forma ou refratário previamente untado e enfarinhado. Leve ao forno preaquecido por, aproximadamente, 30 minutos. Retire do forno quando a massa estiver assada.

4 – Este é o momento de embriagar o pão de ló. Bata no liquidificador o leite condensado e o leite de coco. Com o pão de ló ainda morno, corte-o em pequenos pedaços, despeje a mistura por cima e polvilhe o coco ralado. Deixe o pão de ló absorver bem a cobertura. Ele vai ficar bem molhadinho. Uma delícia!

Quadrados de laranja

Para a massa: *100g de manteiga, 2 ½ xícaras de açúcar, 4 ovos, 1 colher (sopa) de fermento químico, 1 lata de creme de leite sem soro, 3 xícaras de farinha, raspas de casca de 2 laranjas, 1 ½ xícara de suco de laranja*

Para a cobertura: *2 xícaras de açúcar de confeiteiro, ½ xícara de suco de laranja, raspas de casca de 1 laranja*

1 – Na batedeira, bata a manteiga e o açúcar. Acrescente os ovos e continue batendo. Adicione o creme de leite sem soro.

2 – Coloque a farinha e volte a bater. Acrescente o suco e as raspas de casca de laranja.

3 – Com os ingredientes bem misturados, desligue a batedeira e adicione o fermento. Misture delicadamente com uma colher.

4 – Coloque a massa em uma forma ou refratário untado e enfarinhado. Leve ao forno preaquecido por 40 minutos, em média, até que o bolo esteja assado.

5 – Com o bolo ainda morno, corte-o em quadrados.

6 – Prepare a cobertura. Em uma tigela, coloque o açúcar de confeiteiro e vá adicionando, aos poucos, o suco de laranja até que fique um creme. Se não for preciso, não adicione todo o suco.

7 – Derrame a cobertura por cima dos quadrados e enfeite com as raspas de casca de laranja. Está pronto!

Enroladinhos de canela

Para a massa: *2 xícaras de farinha de trigo, 3 colheres (sopa) de margarina, ⅔ xícara de leite, 1 colher (sopa) de açúcar, 1 colher (sopa) de fermento químico, 1 pitada de sal, manteiga para untar e farinha para enfarinhar a forma*

Para o recheio: *1 colher (sopa) de canela em pó, 2 colheres (sopa) de açúcar*

1 – Peneire a farinha de trigo, o açúcar e o fermento. Misture tudo e acrescente a margarina e o leite. Com todos os ingredientes bem misturados, é hora de colocar a mão na massa.

2 – Coloque a massa em cima de uma superfície lisa com farinha de trigo para não grudar. Amasse bem até que fique homogênea e lisa.

3 – Separe a massa em 4 pedaços, abra cada um deles e coloque a canela e o açúcar previamente misturados. Enrole e corte no tamanho de biscoitos. Arrume-os em uma forma untada e enfarinhada.

4 – Leve ao forno preaquecido por, aproximadamente, 20 minutos. Fica uma delícia!

Sorvete de queijo com calda quente de goiabada

1 copo de requeijão, 1 lata de leite condensado, 1 lata de creme de leite, 3 claras, 250ml de vinho tinto, 250g de goiabada

1 – Na batedeira, bata as claras em neve.

2 – Quando as claras estiverem no ponto, baixe a velocidade da batedeira e acrescente aos poucos o leite condensado. Deixe bater por 5 minutos.

3 – Desligue a batedeira e adicione o creme de leite e o requeijão, misturando devagar até que se forme um creme homogêneo.

4 – Em seguida, leve ao congelador até obter a consistência de sorvete, o que deve levar 4 horas, em média.

5 – Para fazer a calda, coloque o vinho em uma panela pequena e adicione a goiabada previamente cortada.

6 – Deixe ferver até reduzir e ficar uma calda bem espessa, que deverá ser colocada morna sobre o sorvete na hora de servir.

LEITE-CREME

1 l de leite integral, 12 gemas, 1 ½ xícara de açúcar, 1 pau de canela, casca de 1 limão, 2 colheres (sopa) de amido de milho

1 – Em uma panela alta, coloque o leite, a casca de limão e a canela. Leve ao fogo para ferver.

2 – Peneire uma xícara de açúcar, o amido de milho e as gemas. Misture tudo para fazer uma gemada.

3 – Quando o leite estiver fervido, retire a casca de limão e o pau de canela.

4 – Misture, aos poucos, o leite com a gemada. É importante que o leite seja misturado aos poucos para que as gemas não cozinhem.

5 – Leve ao fogo e, mexendo sempre, deixe o creme engrossar. Cuidado para não ferver.

6 – Coloque o creme em um refratário e leve à geladeira por, no mínimo, 2 horas.

7 – Quando o creme estiver gelado, polvilhe o restante do açúcar por cima com a ajuda de uma peneira.

8 – Esquente uma frigideira e encoste-a sobre o creme. A intenção é deixar o açúcar caramelizado. Está pronto para servir.

Panquecas doces

Para a massa: *1 xícara de farinha de trigo, 1 ½ xícara de leite, 2 colheres (sopa) de óleo, 1 ovo, 1 colher (chá) de essência de baunilha, 2 colheres (chá) de açúcar, 1 colher (café) de sal*

Para o recheio: *doce de leite, goiabada, requeijão, queijo mussarela, chocolate...*

1 – No liquidificador, bata todos os ingredientes da massa para as panquecas. Tudo deve ficar bem misturado.

2 – Leve uma frigideira previamente untada ao fogo. No centro da frigideira, coloque uma concha da mistura e vá girando, para que a massa se espalhe por todo o fundo da frigideira. À medida que a massa for cozinhando, ela vai soltando da frigideira. Quando toda a panqueca soltar, é hora de virá-la. Deixe dourar dos dois lados. Faça esse procedimento até que termine a massa.

3 – É o momento de rechear as panquecas. Para a de Romeu e Julieta, use goiabada e queijo. Pode ser feita também com goiabada e requeijão e com queijo e doce de leite. É hora de criar, experimentar diferentes recheios: chocolate ao leite, chocolate branco, mel, geleia...

4 – Quando todas as panquecas estiverem recheadas, leve ao forno preaquecido por 10 minutos, o suficiente para derreter o chocolate e o queijo e esquentar as panquecas. Sirva em seguida. É uma ótima dica para sobremesa, café da manhã ou café da tarde.

Revirado de maçã

Para a mistura das maçãs: *4 maçãs, 3 colheres (sopa) de passas de uva, suco de 1 limão, 1 colher (chá) de canela em pó, 1 colher (sopa) de açúcar*

Para a farofa: *100g de manteiga, 1 xícara de farinha de trigo, 2 colheres (sopa) de açúcar mascavo, 4 colheres (sopa) de açúcar, 1 pitada de sal, 1 colher (sopa) de aveia em flocos finos, 1 colher (sopa) de amido de milho, 1 pitada de canela em pó*

1 – Comece preparando a farofa. Corte a manteiga em pedaços pequenos. Com as mãos, misture todos os outros ingredientes da farofa, amassando bem. Reserve.

2 – Descasque as maçãs e retire as sementes e os talos. Corte-as em fatias bem finas. Em seguida, espalhe o suco de limão por cima. Acrescente a canela, o açúcar e as passas. Mexa com as mãos, amassando levemente.

3 – Distribua a mistura de maçãs em pequenos recipientes que possam ir ao forno. Se preferir, utilize um refratário grande previamente untado.

4 – Por cima, coloque a farofa, formando uma camada grossa sobre as maçãs.

5 – Leve ao forno preaquecido para assar até que a farofa fique dourada. Trinta minutos são o suficiente. Sirva o revirado de maçã quente ou morno. De preferência, com um pouco de nata ou sorvete de creme. É uma delícia!

Flan do Anonymus

1 lata de leite condensado,1 lata de creme de leite, 3 ovos, 1 colher (chá) de essência de baunilha, ½ xícara de leite, 1 xícara de açúcar

1 – Escolha uma forma redonda. Pode ser uma de pudim. Coloque o açúcar e leve ao fogo para caramelar. Cuidado para não queimá-lo. Espalhe o açúcar caramelado por toda a forma, inclusive nas laterais. Reserve.

2 – Misture todos os outros ingredientes em uma tigela. Mexa bem.

3 – Despeje a mistura na forma com o açúcar caramelado. Coloque a forma dentro de outra maior e ponha água quente. O flan deve ser assado em banho-maria. Leve tudo ao forno preaquecido por 30 minutos. O flan deve ser desenformado e servido gelado.

Rocambole de nozes

Para a massa: *3 ovos, 1 colher (sopa) de fermento químico, 3 colheres (sopa) de manteiga, 1 copo de açúcar, 1 copo de farinha de trigo, óleo para untar*

Para o recheio: *1 lata de leite condensado, 200g de nozes picadas, 1 colher (sopa) de manteiga*

Para a cobertura: *1 barra de chocolate meio amargo, 1 lata de creme de leite, nozes e chocolate para enfeitar*

1 – Comece pela massa. Bata todos os ingredientes no liquidificador. Arrume a mistura em uma forma retangular grande, untada com óleo. A forma deve ser grande para que a massa fique fina. Leve ao forno preaquecido por, em média, 15 minutos. Retire do forno quando a massa estiver assada. Deixe esfriar.

2 – Para preparar o recheio, misture em uma panela as nozes picadas com o leite condensado e a manteiga. Leve ao fogo baixo e mexa até dar ponto de brigadeiro mole. Deixe esfriar.

3 – Para preparar a cobertura, derreta o chocolate em banho-maria. Quando estiver bem derretido, desligue o fogo e acrescente o creme de leite. Misture bem até obter um creme homogêneo.

4 – Para montar o rocambole, desenforme a massa sobre um pano de prato úmido, espalhe o recheio por cima e, com a ajuda do pano, enrole o rocambole. Depois de enrolado, arrume-o em uma travessa e cubra com a cobertura de chocolate. Decore com nozes inteiras e chocolate picado. Sirva em seguida ou leve para a geladeira. Uma delícia para qualquer ocasião!

Rabanadas assadas

Fatias de pão d'água, 2 xícaras de leite, 2 ovos, 1 ½ xícara de açúcar, 2 colheres (sopa) de farinha de trigo, 5 colheres (chá) de canela

1 – Arrume as fatias de pão em um refratário ou forma. As fatias devem ser grossas.

2 – Em uma tigela, bata os ovos. Misture o leite, 1 xícara de açúcar e a farinha de trigo.

3 – Despeje tudo sobre as fatias de pão.

4 – Por cima, vai o restante do açúcar e a canela, previamente misturados.

5 – Leve ao forno preaquecido para assar durante 30 minutos, em média, até dourar as rabanadas. Sirva em seguida.

Bolo de ameixa

1 colher (sopa) de fermento químico, 2 xícaras de farinha de trigo, 1 xícara de açúcar, 1 xícara de ameixas pretas sem caroço, 2 ovos, 3 colheres (sopa) de manteiga, 1 xícara de leite, 1 colher (chá) de essência de baunilha, manteiga para untar e farinha para enfarinhar a forma, açúcar misturado com canela em pó para a cobertura

1 – Comece pelo liquidificador. Bata os ovos, a manteiga, o leite e a essência de baunilha. Quando a mistura estiver bem

batida, acrescente as ameixas e deixe bater mais um pouco. Não é necessário desmanchar totalmente as ameixas, apenas o suficiente para que elas fiquem em pedaços.

2 – Misture a farinha de trigo com o fermento e o açúcar.

3 – Junte a mistura do liquidificador com a mistura de farinha. Mexa bem até formar uma massa uniforme.

4 – Unte e enfarinhe uma forma redonda com cone no centro. Ponha a massa e leve ao forno preaquecido por 45 minutos ou até dourar por fora e cozinhar por dentro. Espere amornar para desenformar.

5 – Para enfeitar e dar um sabor a mais, a dica é polvilhar por cima do bolo açúcar misturado com canela em pó.

Bolo de Fubá

2 xícaras de açúcar, 3 ovos, 1 ½ xícara de farinha de milho média, 1 ½ xícara de leite, ½ xícara de óleo, 2 xícaras de farinha de trigo, 1 colher (sopa) de fermento químico, manteiga ou margarina para untar, farinha de milho para enfarinhar a forma, açúcar misturado com canela em pó para a cobertura

1 – Comece batendo no liquidificador o açúcar, os ovos, a farinha de milho, o leite e o óleo.

2 – Peneire a farinha de trigo com o fermento e junte com a mistura do liquidificador. Mexa até obter uma massa lisa e homogênea.

3 – Arrume a massa em uma forma redonda com cone no meio, previamente untada com manteiga ou margarina e enfarinhada com farinha de milho. Leve ao forno preaquecido por 45 minutos a 180ºC.

4 – Quando estiver assado, retire o bolo do forno, espere esfriar e desenforme. Enfeite com açúcar misturado com canela e sirva.

Bolo de maracujá

Para a massa: 2 xícaras de açúcar, 3 xícaras de farinha de trigo, 1 xícara de suco concentrado de maracujá, 1 xícara de óleo, 4 claras, 4 gemas, 2 colheres (sopa) de fermento químico, manteiga ou óleo para untar e farinha para enfarinhar a forma

Para a cobertura: 3 maracujás, 2 xícaras de açúcar, ½ copo de água

1 – Bata, na batedeira, as claras em neve. Retire-as da batedeira e reserve-as.

2 – Bata as gemas com o suco e o açúcar.

3 – Ainda com a batedeira ligada, vá acrescentando o óleo e depois a farinha de trigo, em colheradas. A massa deve ficar homogênea.

4 – Desligue a batedeira. Acrescente cuidadosamente o fermento e as claras em neve. Mexa bem.

5 – Arrume a massa em uma forma untada e enfarinhada, de preferência com cone no centro, e leve ao forno preaquecido por, em média, 45 minutos. Forno médio (180 – 200ºC).

6 – Espere esfriar para desenformar. Para preparar a cobertura, retire o miolo com as sementes dos maracujás e leve para uma panela com o açúcar e a água. Deixe ferver, em fogo baixo, até formar uma calda. Espalhe, ainda quente, por cima do bolo e sirva.

Bolinho de laranja

Para a massa: *2 ovos, ½ xícara de açúcar, 110g de manteiga, 1 ½ xícara de farinha de trigo, 2 colheres (chá) de fermento químico, 1 pitada de sal, 1 colher (sopa) de raspas de casca de laranja, ½ xícara de suco de laranja, manteiga e farinha para untar e enfarinhar as forminhas*

Para a cobertura: *2 xícaras de açúcar de confeiteiro, 5 colheres (sopa) de suco de laranja e raspas de casca de laranja*

1 – Bata, na batedeira, os ovos com o açúcar até resultar em um creme branco.

2 – Derreta a manteiga.

3 – Peneire a farinha de trigo, o fermento e o sal.

4 – Acrescente a manteiga derretida, as raspas de laranja e o suco de laranja ao creme branco de ovos e açúcar. Misture bem.

5 – Adicione essa mistura aos ingredientes secos peneirados (a farinha, o fermento e o sal). Mexa com cuidado até a massa ficar homogênea.

6 – Unte e enfarinhe as forminhas de alumínio. Arrume-as dentro de uma forma maior.

7 – Dentro de cada forminha, coloque um pouco da massa – uma colher grande bem cheia. Atenção: preencha somente até a metade de cada forminha. A massa vai crescer no forno.

8 – Leve a forma com as forminhas para o forno preaquecido por 20 minutos.

9 – Espere amornar e desenforme.

10 – Prepare a cobertura: misture o açúcar de confeiteiro com o suco de laranja. Mexa até formar um creme. Arrume os bolinhos em uma travessa e cubra cada um com uma boa colherada dessa cobertura. Enfeite com as raspas da casca de laranja e sirva.

BOLO QUENTE DE FRUTAS

2 xícaras de farinha de trigo, 1 colher (cafezinho) de fermento em pó, 300g de açúcar mascavo, 2 colheres (cafezinho) de canela em pó, 1 colher (cafezinho) de noz-moscada em pó, 1 ovo, 3 colheres (sopa) de óleo, 125ml de leite, ½ maçã, ½ banana, 4 colheres (chá) de manteiga, 300ml de água, manteiga ou margarina para untar a forma

1 – Comece peneirando a farinha de trigo, o fermento e 100g do açúcar mascavo. Acrescente metade da colher de noz-moscada e uma colher de canela em pó. Misture tudo.

2 – Junte o ovo, o óleo e o leite. Mexa bem, com vigor, até que a massa fique bem misturada e homogênea.

3 – Unte com manteiga ou margarina um refratário redondo fundo. Ponha a massa ali dentro.

4 – Agora, em outro recipiente misture o restante do açúcar mascavo com o restante da canela e da noz-moscada.

5 – Descasque as frutas e pique-as bem. Coloque os pedaços por cima da massa, no refratário, espalhando por toda a superfície.

6 – Por cima, entra a mistura do açúcar mascavo com canela e noz-moscada.

7 – É a vez da manteiga. Espalhe as colheradas pela superfície do bolo e, para finalizar, entra a água fervendo.

8 – Arrume o refratário dentro de uma forma e leve ao forno preaquecido a 180 – 200ºC por 30 minutos.

9 – Quando tirar do forno, espere 10 minutos antes de servir. Uma boa dica é oferecer aos convidados o bolo quente de frutas com nata, creme de leite ou sorvete de creme.

Bolo natalino

6 claras, 6 gemas, 200g de manteiga, ½ xícara de açúcar, 1 xícara de leite, 2 xícaras de farinha de trigo, 1 xícara de maisena, 1 colher (sopa) de fermento químico, 200g de nozes picadas ou moídas, manteiga e farinha para a forma, açúcar de confeiteiro para a cobertura

1 – Comece batendo na batedeira as claras em neve. Retire-as da batedeira e reserve.

2 – Bata na batedeira as gemas com a manteiga e o açúcar. Com a batedeira girando, acrescente a farinha de trigo, a maisena e as nozes moídas em colheradas, aos poucos, e vá também colocando o leite. É preciso cuidado e velocidade baixa na batedeira para não saltar farinha para todo o lado. Por último, entra o fermento. Bata por mais alguns minutos na velocidade máxima para deixar a massa homogênea.

3 – Desligue a batedeira e misture, com uma colher, delicadamente as claras à massa.

4 – Arrume a massa em uma forma untada e enfarinhada, de preferência uma forma com um cone no centro.

5 – Leve ao forno preaquecido por 50 minutos. Retire o bolo do forno e espere amornar para desenformar.

6 – Para a cobertura, a sugestão é açúcar de confeiteiro misturado com pingos de água até formar uma pasta branca. Espalhe por cima do bolo e enfeite com frutas cristalizadas, passas de uvas e cerejas. Fica lindo, com a cara do Natal!

BOLO-CUCA

Para a massa: *2 ovos, ½ xícara de óleo, ½ xícara de açúcar mascavo, 1 xícara de aveia em flocos finos, 1 xícara de farinha de trigo, 1 colher (sopa) de fermento químico, 1 banana*

Para a farofa: *1 xícara de farinha de trigo, 1 xícara de açúcar, ½ xícara de açúcar mascavo, 75g de margarina, 1 colher (sopa) de canela em pó*

1 – Misture os ovos e o óleo. Adicione o açúcar mascavo, a aveia em flocos e a farinha de trigo. Por último entra o fermento, que deve ser dissolvido em um pouco de água. Misture bem todos os ingredientes até que formem uma massa homogênea.

2 – Coloque a massa em uma forma pequena untada e enfarinhada. Por cima, coloque a banana picada.

3 – Para fazer a farofa, corte a margarina em pequenos pedaços. Misture com os demais ingredientes. Amasse com as mãos até formar a farofa.

4 – Coloque a farofa por cima da massa com as bananas. Leve ao forno preaquecido até que esteja assado, o que deve levar, em média, 40 minutos. Sirva o bolo-cuca morno ou frio.

Bolo mágico de chocolate

5 colheres (sopa) de chocolate em pó, 2 xícaras de farinha de trigo, 1 colher (chá) de fermento químico, 300g de açúcar mascavo, 2 colheres (chá) de canela em pó, 1 ovo, 3 colheres (sopa) de óleo, 1 xícara de leite, 4 colheres (chá) de manteiga, 1 barra (170g) de chocolate ao leite, 1 copo de água fervendo, margarina para untar a forma

1 – Peneire 3 colheres de chocolate em pó com a farinha de trigo, o fermento, 100g do açúcar mascavo e uma colher de canela em pó. Junte à mistura peneirada o ovo, o óleo e o leite. Mexa bem até formar uma massa lisa e uniforme.

2 – Arrume a mistura em um refratário ou forma untada com margarina.

3 – Por cima da mistura, espalhe o chocolate em barra bem picado.

4 – Em outra vasilha, misture o restante do chocolate em pó, da canela e do açúcar mascavo. Polvilhe esta mistura por cima de tudo, no refratário ou forma.

5 – Agora entra a manteiga. Corte-a em 4 cubinhos, do tamanho de uma colher de chá. Espalhe-os no refratário ou forma.

6 – Para finalizar, cubra tudo com a água fervente.

7 – Arrume o refratário ou forma dentro de outra forma maior e leve ao forno preaquecido por 30 minutos. Você pode servir o bolo mágico quente com sorvete de creme, morno com um toque de nata ou frio com um bom copo de leite.

Bolinhos de chuva

¾ de xícara de açúcar, 2 ½ xícaras de farinha de trigo, 2 ovos, 1 xícara de leite, 1 colher (sopa) de fermento químico, 1 colher (sobremesa) de essência de baunilha, 1 xícara de açúcar, 2 colheres (sopa) de canela em pó, óleo para fritar

1 – Misture ¾ de xícara de açúcar, a farinha de trigo, os ovos e o leite. Mexa bem.

2 – Junte o fermento e a essência de baunilha. Misture até obter uma massa homogênea e consistente.

3 – Esquente uma frigideira com óleo. Encha metade de uma colher de sopa com a massa. Coloque no óleo quente. Faça várias colheradas. Vire os bolinhos para dourarem dos dois lados.

4 – Retire-os quando estiverem bem dourados. Arrume-os em um prato coberto com papel absorvente. A receita rende, em média, 50 bolinhos.

5 – Misture a xícara de açúcar com a canela. Polvilhe por cima dos bolinhos e sirva.

Pão rápido de ameixa

200g de ameixas pretas, ¾ de xícara de água quente, 1 ¾ xícaras de farinha de trigo, ¾ de xícara de açúcar, 1 colher (chá) de sal, 1 colher (chá) de fermento químico, 100g de passas de uva, 3 colheres (sopa) de óleo, 2 ovos

1 – Pique as ameixas e cubra-as com a água bem quente. Deixe-as de molho por alguns minutos até que absorvam um pouco da água.

2 – Peneire a farinha de trigo, o açúcar, o sal e o fermento. Misture tudo e acrescente as passas de uva. Depois entram as ameixas com a água. Mexa até obter uma mistura uniforme.

3 – Bata os ovos com o óleo. Adicione à massa. Misture tudo até que a massa fique bem homogênea.

4 – Unte e enfarinhe uma forma para pão. Arrume a massa na forma e leve para o forno preaquecido por 40 minutos, até que o pão esteja sequinho por dentro. Faça o teste do palito para ter certeza.

5 – Espere esfriar um pouco e desenforme. Sirva com um chá feito com os caroços das ameixas. Deixe-os ferver com água.

Pãezinhos de maisena

1 xícara de maisena, 1 xícara de farinha de trigo, 1 colher (sopa) de açúcar, 1 colher (cafezinho) de sal, 1 colher (sopa) de fermento químico, 2 colheres (sopa) de margarina, 1 ovo, ½ xícara de leite, 1 gema para pincelar, farinha para sovar a massa e enfarinhar a forma, manteiga para untar a forma

1 – Peneire a maisena e a farinha de trigo com o açúcar, o sal e o fermento.

2 – Misture a margarina e, com a ponta dos dedos, comece a formar a massa.

3 – Junte o ovo e sove a massa para agregar todos os ingredientes.

4 – Agora, aos poucos, vá acrescentando o leite. Pode ser que você não precise usar todo o leite. O ideal é deixar a massa bem consistente, lisa, desgrudando das mãos, como uma massinha de modelar. Se preciso, use um pouco mais de farinha para ajudar a massa a desgrudar das mãos.

5 – Pegue pequenas porções de massa e enrole os pãezinhos. Podem ser em retângulos ou bolinhas. Arrume-os em uma forma untada e enfarinhada. Pincele um pouco da gema em cada pãozinho.

6 – Leve ao forno médio preaquecido por 20 minutos ou até que os pãezinhos fiquem dourados por fora e assados por dentro. Sirva quentes ou frios.

Pão rápido de banana

5 bananas pequenas, 2 ovos, 1 colher (sopa) de óleo, 2 xícaras de farinha de trigo, 2 colheres (sopa) de açúcar, 1 colher (chá) de sal, 1 colher (sopa) de fermento químico, óleo para untar a forma

1 – Descasque e esmague bem as bananas com a ajuda de um garfo.

2 – Misture as bananas amassadas com os ovos. Misture novamente.

3 – Agora entra o óleo. Misture.

4 – Peneire a farinha de trigo, o açúcar e o sal e misture à massa de bananas.

5 – É preciso mexer bem, até formar uma massa homogênea. Então entra o fermento, também peneirado. Misture novamente. A massa deve ficar lisa e consistente.

6 – Unte com óleo uma forma retangular para pão. Derrame a massa e leve ao forno preaquecido por 1 hora. Espere esfriar para desenformar e sirva.

COOKIES

150g de manteiga sem sal, ½ xícara de açúcar refinado, ½ xícara de açúcar mascavo, 1 ovo, 2 colheres (sopa) de creme de chocolate (pode ser Nutella ou outro semelhante), 1 colher (chá) de essência de baunilha, 2 ½ xícaras de farinha de trigo, 3 colheres (sopa) de chocolate em pó, 1 pitada de sal, ½ colher (sopa) de fermento químico, 1 xícara de chocolate picado (pode ser misturado, preto e branco)

1 – Bata na batedeira a manteiga previamente derretida, o açúcar refinado, o açúcar mascavo, o ovo e o creme de chocolate. Quando a massa estiver homogênea, desligue a batedeira e acrescente a essência de baunilha. Misture e reserve.

2 – Em outra vasilha, peneire a farinha de trigo com o chocolate em pó, o sal e o fermento.

3 – Agora junte aos poucos o creme da batedeira com os ingredientes peneirados. Misture bem até a massa ficar lisa e homogênea.

4 – Por último, entra o chocolate picado. Mexa tudo e, com a ajuda de uma colher, arrume a massa em uma forma untada e enfarinhada. Deixe bastante espaço entre as colheradas de massa na forma pois, no forno, elas vão crescer e se espalhar.

5 – Leve para o forno preaquecido por, em média, 14 minutos. Deixe esfriar e sirva.

Broa de leite condensado

5 xícaras de farinha de trigo, 3 colheres (sopa) de fermento químico, 3 colheres (sopa) de manteiga em temperatura ambiente, 3 ovos, 1 xícara de leite condensado, 1 gema para pincelar, margarina para untar e farinha para enfarinhar a forma

1 – Em uma vasilha, misture a manteiga, os ovos e o leite condensado. Adicione o fermento com a farinha de trigo e, nesse momento, comece a amassar a massa com as mãos. Misture bem até que se desgrude dos dedos.

2 – Separe pedaços de massa no formato de pequenas broas e arrume-os em uma forma previamente untada com margarina e enfarinhada. Pincele gema em cada uma das broas.

3 – Leve ao forno médio preaquecido por, aproximadamente, 30 minutos. As broas estarão prontas quando ficarem douradas ou quando, ao enfiar um palito, ele sair seco. Sirva mornas ou frias com café preto ou com leite para as crianças. Fica uma delícia!

Biscoitos de Natal

1 lata de leite condensado, 200g de manteiga sem sal, 2 gemas, 2 ½ xícaras de farinha de trigo, raspas de 1 limão, 200g de frutas cristalizadas, 1 colher (chá) de bicarbonato de sódio, 1 colher (chá) de essência de baunilha, 1 pitada de sal, 2 xícaras de açúcar de confeiteiro, granulados e enfeites coloridos, manteiga para untar e farinha para enfarinhar a forma

1 – Comece batendo na batedeira as gemas com a manteiga, que já deve estar derretida para facilitar o trabalho.

2 – Sem parar de bater, apenas diminuindo a velocidade da batedeira, acrescente o leite condensado. Deixe bater por alguns minutos até obter um creme claro.

3 – Desligue a batedeira. Acrescente a essência de baunilha, as raspas de limão e a pitada de sal. Misture.

4 – Entra a farinha de trigo peneirada junto com o bicarbonato de sódio. Mexa bem com uma colher até formar uma massa homogênea e adicione as frutas cristalizadas.

5 – Unte e enfarinhe uma assadeira grande ou mais formas, dependendo do tamanho. Pegue uma colherada de massa e, com a ajuda de outra colher (chá), largue a massa na forma. Vão ser formadas bolinhas de massa que, no forno, se transformarão em biscoitos. Rende, em média, 50 biscoitos.

6 – Leve ao forno médio preaquecido por 20 minutos.

7 – Espere esfriar. Para a cobertura, misture o açúcar de confeiteiro com 5 colheres, aproximadamente, de água. É preciso mexer e ir colocando a água aos poucos até formar uma pasta branca. Espalhe um pouco dessa pasta em cima de cada biscoito e enfeite com os granulados coloridos. Deixe secar e sirva. Você também pode arrumar os biscoitos em potes de vidro enfeitados e presentear quem você gosta no Natal.

Biscoitos de café

200g de manteiga em temperatura ambiente, 1 xícara de açúcar de confeiteiro, 1 pitada de sal, 2 colheres (sopa) de café solúvel, 2 xícaras de farinha de trigo, 1 colher (cafezinho) de essência de baunilha, 1 colher (sopa) de água, 2 colheres (sopa) de farinha de trigo para enfarinhar a forma

1 – Bata na batedeira a manteiga picada, o açúcar e o sal. Tenha o cuidado de antes peneirar o açúcar com o sal. Deixe bater por 3 minutos até ficar um creme de manteiga.

2 – Peneire o café com a farinha de trigo. Acrescente na batedeira, ainda batendo, a mistura de café com farinha de trigo, aos poucos.

3 – Junte também na batedeira a essência de baunilha e a água. Bata por 5 minutos ou até a massa ficar homogênea.

4 – Enfarinhe bem a forma. Com a ajuda de uma colher, pegue uma porção de massa. Com outra colher, retire-a e acomode-a na forma. Faça quantas bolinhas de massa desejar, dependendo do tamanho da forma. Lembre sempre de deixar um bom espaço entre elas, porque, no forno, elas vão aumentar de tamanho.

5 – Leve ao forno preaquecido por 15 minutos. Retire, espere amornar e retire-os da forma. Você pode arrumá-los em saquinhos enfeitados e dar um belo presente para quem você gosta. Ou, então, prepare uma cobertura de chocolate branco (derretendo uma barra de chocolate branco em banho-maria com um pouco de creme de leite) e cubra os biscoitos. Sirva com chá ou café. Uma delícia!

Índice de receitas em ordem alfabética

Pratos principais e acompanhamentos 13
   Abobrinhas recheadas 71
   Almôndega gigante 17
   Angu do Anonymus 24
   Arroz cremoso de forno 94
   Arroz de festa 93
   Arroz piemontês 97
   Arroz quatro latas 93
   Arroz verde reforçado 95
   Arroz verde 96
   Ave recheada com calabresa 54
   Batatas assadas com tomates 73
   Batatas crocantes 73
   Batatas Elda 74
   Batatas gratinadas 75
   Bife alemão 20
   Camarão à Cecília 65
   Camarão à parmegiana 66
   Canelone invertido 81
   Carne de panela pingada 21
   Carreteiro de charque com batata-doce 28
   Carreteiro de pinhão 29
   Costela negra 34
   Costelada 15
   Costelão banquete 35
   Costelão meia hora com polenta na pedra 33
   Cozido do Anonymus 37
   Empadão de churrasco 23
   Entrevero 26

Escalopes com molho gorgonzola 19
Espaguete ao pesto 86
Espinhaço à fronteira 28
Espinhaço no disco (para 30 pessoas) 27
Estrogonofe de peixe 57
Estrogonofe de vegetais 70
Falsa polenta de sardinha 61
Farofa brasileira 56
Farofa de miúdos 56
Farofa de pinhão 30
Feijão da Linda 38
Feijoada vermelha 39
Fettuccine Alfredo 85
Frango afogado 52
Frango do bafômetro 52
Frango quatro queijos 51
Fricassê de forno 44
Frigideira de camarões 66
Frigideira mediterrânea 18
Fritada fina 77
Galeto da Catarina 42
Galinha de festa 53
Galinha gaúcha 50
Galinhada do Anonymus 48
Gratinado de camarão 67
Lasanha à bolonhesa 83
Lasanha de pão árabe 84
Lasanha de peixe na pimenta 58
Lasanha enrolada 89
Lombo com molho de ameixas 41
Macarrão de china pobre 92
Macarrão picante 91
Macarronada de verão 88
Macarronada florida 87
Maionese assada 75
Maminha na cerveja 32
Mandioca de luxo 36

Milagre de forno	79
Mocotó de frango	43
Moranga caramelada	49
Omelete de forno	78
Peixe acebolado	60
Peixe no forno com creme de atum	59
Peru aberto	54
Peru embriagado	55
Picadinho Maria Luiza	16
Ravióli com tomates frescos	82
Ravióli escondido	90
Requeijão cremoso	98
Risoto de cogumelos	47
Risoto de salmão	62
Risoto de uva	97
Salada ao molho vinagrete	69
Salmão ao molho de uvas	63
Salmão gratinado	64
Salmão multiplicado	63
Salpicão de presunto	76
Sopa do chefe	69
Suflê fácil de frango	46
Supernhoque	80
Torta de carne	22
Torta de frango	45
Torta rápida de sardinha	60
Tortinhas coloridas	72
Vaca escabelada	19
Vazio recheado com molho madeira	31

Sobremesas, pães e bolos e outras delícias 99

Ambrosia de forno	114
Ameixas nevadas	103
Bananada *au chocolat*	104
Biscoitos de café	149
Biscoitos de Natal	148
Bolinho de laranja	136

Bolinhos de chuva	142
Bolo de ameixa	133
Bolo de fubá	134
Bolo de maracujá	135
Bolo mágico de chocolate	141
Bolo natalino	139
Bolo quente de frutas	137
Bolo-cuca	140
Bombom gigante de morango	112
Broa de leite condensado	147
Cassata de abacaxi	117
Chico Balançado (ou Chico Balanceado)	101
Compota de pêssegos	116
Compota diet de frutas	113
Cookies	146
Doce de goiabada	110
Doce de leite	120
Doce Xinxo	109
Docinho de festa	102
Enroladinhos de canela	126
Falso chocolate de Páscoa	122
Flan do Anonymus	131
Gatinha sirigaita	121
Leite-creme	128
Manjar amarelo	115
Merengada de chocolate	119
Merengada de morangos	113
Musse a jato de goiabada	120
Musse de banana	123
Pãezinhos de maisena	144
Palitos de chocolate	110
Panquecas doces	129
Pão de ló embriagado	123
Pão rápido de ameixa	143
Pão rápido de banana	145
Quadrados de laranja	125
Rabanadas assadas	133

Revirado de maçã	130
Rocambole de nozes	131
Sorvete de morango com calda de morango	118
Sorvete de queijo com calda quente de goiabada	127
Surpresa de queijo	111
Torta de maçã invertida	107
Torta de ricota com passas	105
Torta Romeu e Julieta	106
Tortinha rápida de maçã	108

Sobre o autor

José Antonio Pinheiro Machado nasceu em Porto Alegre, em 1949. É jornalista, advogado e escritor, com mais de 20 livros publicados.

Anonymus Gourmet, seu personagem, é uma das figuras mais populares no Rio Grande do Sul, com programas na TV COM, Canal Rural, RBS TV e rádios Gaúcha e Farroupilha. Mantém também uma coluna semanal no caderno de Gastronomia do jornal *Zero Hora*, de Porto Alegre.

J. A. Pinheiro Machado publicou, pela L&PM Editores, vários best-sellers com receitas e dicas do Anonymus Gourmet, que venderam, na sua totalidade, mais de 300 mil exemplares. Como jornalista foi diretor da revista *Playboy* e atuou como repórter em *O Estado de S. Paulo*, *Folha da Manhã*, *Folha da Tarde*, *Placar* e *Quatro Rodas*. Publicou os livros *Opinião x censura*, *Recuerdos do futuro*, *O brasileiro que ganhou o prêmio Nobel – uma aventura de Anonymus Gourmet*, *Meio século de Correio do Povo*, *Enciclopédia das mulheres* e *Copos de cristal*. Como Anonymus Gourmet publicou: *Anonymus Gourmet – novas receitas*, *Comer bem, sem culpa* (em co-autoria com o Dr. Fernando Lucchese e com o cartunista Iotti), *Mais receitas do Anonymus Gourmet*, *200 receitas inéditas do Anonymus Gourmet*, *Dieta mediterrânea* (em co-autoria com o Dr. Fernando Lucchese), *Na mesa ninguém envelhece* (livro de crônicas que recebeu o Prêmio Açorianos de Literatura, um dos principais do estado), *Histórias de cama & mesa*, *100 receitas de aves e ovos*, *Voltaremos!*, *Receitas da família*,

233 receitas do Anonymus Gourmet, *Receitas escolhidas do Anonymus Gourmet* e *Anonymus Gourmet – receitas e comentários.*

Coleção **L&PM** POCKET (LANÇAMENTOS MAIS RECENTES)

654. **Cancioneiro** – Fernando Pessoa
655. **Non-Stop** – Martha Medeiros
656. **Carpinteiros, levantem bem alto a cumeeira & Seymour, uma apresentação** – J.D. Salinger
657. **Ensaios céticos** – Bertrand Russell
658. **O melhor de Hagar 5** – Dik Browne
659. **Primeiro amor** – Ivan Turguêniev
660. **A trégua** – Mario Benedetti
661. **Um parque de diversões da cabeça** – Lawrence Ferlinghetti
662. **Aprendendo a viver** – Sêneca
663. **Garfield, um gato em apuros (9)** – Jim Davis
664. **Dilbert (1)** – Scott Adams
665. **Dicionário de dificuldades** – Domingos Paschoal Cegalla
666. **A imaginação** – Jean-Paul Sartre
667. **O ladrão e os cães** – Naguib Mahfuz
668. **Gramática do português contemporâneo** – Celso Cunha
669. **A volta do parafuso** *seguido de* **Daisy Miller** – Henry James
670. **Notas do subsolo** – Dostoiévski
671. **Abobrinhas da Brasilônia** – Glauco
672. **Geraldão (3)** – Glauco
673. **Piadas para sempre (3)** – Visconde da Casa Verde
674. **Duas viagens ao Brasil** – Hans Staden
675. **Bandeira de bolso** – Manuel Bandeira
676. **A arte da guerra** – Maquiavel
677. **Além do bem e do mal** – Nietzsche
678. **O coronel Chabert** *seguido de* **A mulher abandonada** – Balzac
679. **O sorriso de marfim** – Ross Macdonald
680. **100 receitas de pescados** – Sílvio Lancellotti
681. **O juiz e o seu carrasco** – Friedrich Dürrenmatt
682. **Noites brancas** – Dostoiévski
683. **Quadras ao gosto popular** – Fernando Pessoa
684. **Romanceiro da Inconfidência** – Cecília Meireles
685. **Kaos** – Millôr Fernandes
686. **A pele de onagro** – Balzac
687. **As ligações perigosas** – Choderlos de Laclos
688. **Dicionário de matemática** – Luiz Fernandes Cardoso
689. **Os Lusíadas** – Luís Vaz de Camões
690. (11).**Átila** – Eric Deschodt
691. **Um jeito tranqüilo de matar** – Chester Himes
692. **A felicidade conjugal** *seguido de* **O diabo** – Tolstói
693. **Viagem de um naturalista ao redor do mundo** – vol. 1 – Charles Darwin
694. **Viagem de um naturalista ao redor do mundo** – vol. 2 – Charles Darwin
695. **Memórias da casa dos mortos** – Dostoiévski
696. **A Celestina** – Fernando de Rojas
697. **Snoopy (6)** – Charles Schulz
698. **Dez (quase) amores** – Claudia Tajes
699. **Poirot sempre espera** – Agatha Christie
700. **Cecília de bolso** – Cecília Meireles
701. **Apologia de Sócrates** *precedido de* **Êutifron e** *seguido de* **Críton** – Platão
702. **Wood & Stock** – Angeli
703. **Striptiras (3)** – Laerte
704. **Discurso sobre a origem e os fundamentos da desigualdade entre os homens** – Rousseau
705. **Os duelistas** – Joseph Conrad
706. **Dilbert (2)** – Scott Adams
707. **Viver e escrever (vol.1)** – Edla van Steen
708. **Viver e escrever (vol.2)** – Edla van Steen
709. **Viver e escrever (vol.3)** – Edla van Steen
710. **A teia da aranha** – Agatha Christie
711. **O banquete** – Platão
712. **Os belos e malditos** – F. Scott Fitzgerald
713. **Libelo contra a arte moderna** – Salvador Dalí
714. **Akropolis** – Valerio Massimo Manfredi
715. **Devoradores de mortos** – Michael Crichton
716. **Sob o sol da Toscana** – Frances Mayes
717. **Batom na cueca** – Nani
718. **Vida dura** – Claudia Tajes
719. **Carne trêmula** – Ruth Rendell
720. **Cris, a fera** – David Coimbra
721. **O anticristo** – Nietzsche
722. **Como um romance** – Daniel Pennac
723. **Emboscada no Forte Bragg** – Tom Wolfe
724. **Assédio sexual** – Michael Crichton
725. **O espírito do Zen** – Alan Watts
726. **Um bonde chamado desejo** – Tennessee Williams
727. **Como gostais** *seguido de* **Conto de inverno** – Shakespeare
728. **Tratado sobre a tolerância** – Voltaire
729. **Snoopy: Doces ou travessuras? (7)** – Charles Schulz
730. **Cardápios do Anonymus Gourmet** – J.A. Pinheiro Machado
731. **100 receitas com lata** – J.A. Pinheiro Machado
732. **Conhece o Mário?** vol.2 – Santiago
733. **Dilbert (3)** – Scott Adams
734. **História de um louco amor** *seguido de* **Passado amor** – Horacio Quiroga
735. (11).**Sexo: muito prazer** – Laura Meyer da Silva
736. (12).**Para entender o adolescente** – Dr. Ronald Pagnoncelli
737. (13).**Desembarcando a tristeza** – Dr. Fernando Lucchese
738. (11).**Poirot e o mistério da arca espanhola & outras histórias** – Agatha Christie
739. **A última legião** – Valerio Massimo Manfredi
740. **As virgens suicidas** – Jeffrey Eugenides
741. **Sol nascente** – Michael Crichton
742. **Duzentos ladrões** – Dalton Trevisan
743. **Os devaneios do caminhante solitário** – Rousseau
744. **Garfield, o rei da preguiça (10)** – Jim Davis
745. **Os magnatas** – Charles R. Morris
746. **Pulp** – Charles Bukowski
747. **Enquanto agonizo** – William Faulkner
748. **Aline: viciada em sexo (3)** – Adão Iturrusgarai
749. **A dama do cachorrinho** – Anton Tchékhov
750. **Tito Andrônico** – Shakespeare
751. **Antologia poética** – Anna Akhmátova
752. **O melhor de Hagar 6** – Dik e Chris Browne
753. (12).**Michelangelo** – Nadine Sautel
754. **Dilbert (4)** – Scott Adams
755. **O jardim das cerejeiras** *seguido de* **Tio Vânia** – Tchékhov

756. Geração Beat – Claudio Willer
757. Santos Dumont – Alcy Cheuiche
758. Budismo – Claude B. Levenson
759. Cleópatra – Christian-Georges Schwentzel
760. Revolução Francesa – Frédéric Bluche, Stéphane Rials and Jean Tulard
761. A crise de 1929 – Bernard Gazier
762. Sigmund Freud – Edson Sousa e Paulo Endo
763. Império Romano – Patrick Le Roux
764. Cruzadas – Cécile Morrisson
765. O mistério do Trem Azul – Agatha Christie
766. Os escrúpulos de Maigret – Simenon
767. Maigret se diverte – Simenon
768. Senso comum – Thomas Paine
769. O parque dos dinossauros – Michael Crichton
770. Trilogia da paixão – Goethe
771. A simples arte de matar (vol.1) – R. Chandler
772. A simples arte de matar (vol.2) – R. Chandler
773. Snoopy: No mundo da lua! (8) – Charles Schulz
774. Os Quatro Grandes – Agatha Christie
775. Um brinde de cianureto – Agatha Christie
776. Súplicas atendidas – Truman Capote
777. Ainda restam aveleiras – Simenon
778. Maigret e o ladrão preguiçoso – Simenon
779. A viúva imortal – Millôr Fernandes
780. Cabala – Roland Goetschel
781. Capitalismo – Claude Jessua
782. Mitologia grega – Pierre Grimal
783. Economia: 100 palavras-chave – Jean-Paul Betbèze
784. Marxismo – Henri Lefebvre
785. Punição para a inocência – Agatha Christie
786. A extravagância do morto – Agatha Christie
787(13). Cézanne – Bernard Fauconnier
788. A identidade Bourne – Robert Ludlum
789. Da tranquilidade da alma – Sêneca
790. Um artista da fome *seguido de* Na colônia penal e outras histórias – Kafka
791. Histórias de fantasmas – Charles Dickens
792. A louca de Maigret – Simenon
793. O amigo de infância de Maigret – Simenon
794. O revólver de Maigret – Simenon
795. A fuga do sr. Monde – Simenon
796. O Uraguai – Basílio da Gama
797. A mão misteriosa – Agatha Christie
798. Testemunha ocular do crime – Agatha Christie
799. Crepúsculo dos ídolos – Friedrich Nietzsche
800. Maigret e o negociante de vinhos – Simenon
801. Maigret e o mendigo – Simenon
802. O grande golpe – Dashiell Hammett
803. Humor barra pesada – Nani
804. Vinho – Jean-François Gautier
805. Egito Antigo – Sophie Desplancques
806(14). Baudelaire – Jean-Baptiste Baronian
807. Caminho da sabedoria, caminho da paz – Dalai Lama e Felizitas von Schönborn
808. Senhor e servo e outras histórias – Tolstói
809. Os cadernos de Malte Laurids Brigge – Rilke
810. Dilbert (5) – Scott Adams
811. Big Sur – Jack Kerouac
812. Seguindo a correnteza – Agatha Christie
813. O álibi – Sandra Brown
814. Montanha-russa – Martha Medeiros
815. Coisas da vida – Martha Medeiros
816. A cantada infalível *seguido de* A mulher do centroavante – David Coimbra
817. Maigret e os crimes do cais – Simenon
818. Sinal vermelho – Simenon
819. Snoopy: Pausa para a soneca (9) – Charles Schulz
820. De pernas pro ar – Eduardo Galeano
821. Tragédias gregas – Pascal Thiercy
822. Existencialismo – Jacques Colette
823. Nietzsche – Jean Granier
824. Amar ou depender? – Walter Riso
825. Darmapada: A doutrina budista em versos
826. J'Accuse...! – a verdade em marcha – Zola
827. Os crimes ABC – Agatha Christie
828. Um gato entre os pombos – Agatha Christie
829. Maigret e o sumiço do sr. Charles – Simenon
830. Maigret e a morte do jogador – Simenon
831. Dicionário de teatro – Luiz Paulo Vasconcellos
832. Cartas extraviadas – Martha Medeiros
833. A longa viagem de prazer – J. J. Morosoli
834. Receitas fáceis – J. A. Pinheiro Machado
835. Mais fatos e mitos – Dr. Fernando Lucchese
836. Boa viagem! – Dr. Fernando Lucchese
837. Aline: Finalmente nua!!! (4) – Adão Iturrusgarai
838. Mônica tem uma novidade! – Mauricio de Sousa
839. Cebolinha em apuros! – Mauricio de Sousa
840. Sócios no crime – Agatha Christie
841. Bocas do tempo – Eduardo Galeano
842. Orgulho e preconceito – Jane Austen
843. Impressionismo – Dominique Lobstein
844. Escrita chinesa – Viviane Alleton
845. Paris: uma história – Yvan Combeau
846(15). Van Gogh – David Haziot
847. Maigret e o corpo sem cabeça – Simenon
848. Portal do destino – Agatha Christie
849. O futuro de uma ilusão – Freud
850. O mal-estar na cultura – Freud
851. Maigret e o matador – Simenon
852. Maigret e o fantasma – Simenon
853. Um crime adormecido – Agatha Christie
854. Satori em Paris – Jack Kerouac
855. Medo e delírio em Las Vegas – Hunter Thompson
856. Um negócio fracassado e outros contos de humor – Tchékhov
857. Mônica está de férias! – Mauricio de Sousa
858. De quem é esse coelho? – Mauricio de Sousa
859. O burgomestre de Furnes – Simenon
860. O mistério Sittaford – Agatha Christie
861. Manhã transfigurada – Luiz Antonio de Assis Brasil
862. Alexandre, o Grande – Pierre Briant
863. Jesus – Charles Perrot
864. Islã – Paul Balta
865. Guerra da Secessão – Farid Ameur
866. Um rio que vem da Grécia – Cláudio Moreno
867. Maigret e os colegas americanos – Simenon
868. Assassinato na casa do pastor – Agatha Christie
869. Manual do líder – Napoleão Bonaparte
870. Billie Holiday – Sylvia Fol
871. Bidu arrasando! – Mauricio de Sousa
872. Desventuras em família – Mauricio de Sousa
873. Liberty Bar – Simenon
874. E no final a morte – Agatha Christie
875. Guia prático do Português correto – vol. 4 – Cláudio Moreno
876. Dilbert (6) – Scott Adams
877. Leonardo da Vinci – Sophie Chauveau
878. Bella Toscana – Frances Mayes

ENCYCLOPAEDIA é a nova série da Coleção L&PM POCKET, que traz livros de referência com conteúdo acessível, útil e na medida certa. São temas universais, escritos por especialistas de forma compreensível e descomplicada.

PRIMEIROS LANÇAMENTOS: **Acupuntura**, Madeleine Fiévet-Izard, Madeleine J. Guillaume e Jean-Claude de Tymowski – **Alexandre, o grande**, Pierre Briant – **Budismo**, Claude B. Levenson – **Cabala**, Roland Goetschel **Capitalismo**, Claude Jessua – **Cleópatra**, Christian-Georges Schwentzel **A crise de 1929**, Bernard Gazier – **Cruzadas**, Cécile Morrisson – **Economia: 100 palavras-chave**, Jean-Paul Betbèze – **Egito Antigo**, Sophie Desplancques – **Escrita chinesa**, Viviane Alleton – **Existencialismo**, Jacques Colette – **Geração Beat**, Claudio Willer – **Guerra da Secessão**, Farid Ameur **Império Romano**, Patrick Le Roux – **Impressionismo**, Dominique Lobstein **Islã**, Paul Balta – **Jesus**, Charles Perrot – **Marxismo**, Henri Lefebvre – **Mitologia grega**, Pierre Grimal – **Nietzsche**, Jean Granier – **Paris: uma história**, Yvan Combeau – **Revolução Francesa**, Frédéric Bluche, Stéphane Rials e Jean Tulard – **Santos Dumont**, Alcy Cheuiche – **Sigmund Freud**, Edson Sousa e Paulo Endo – **Tragédias gregas**, Pascal Thiercy – **Vinho**, Jean-François Gautier

L&PM POCKET **ENCYCLOPAEDIA**
Conhecimento na medida certa